Immigrations,
Boomerang des colonisations à travers le monde ?

ANGE.L

<u>Préambule</u>

L'histoire de l'immigration est indissociable de celle des colonisations. Depuis des siècles, des nations puissantes ont exploré, conquis, et exploité des terres lointaines, imposant leur contrôle économique, politique et culturel sur des peuples aux modes de vie souvent très différents. Ces puissances coloniales, motivées par des ambitions économiques et idéologiques, ont redessiné des continents, imposant leurs lois, leur langue et leur culture, sans toujours considérer l'impact profond et durable de ces dominations sur les populations locales. La colonisation a souvent engendré des traumatismes, perturbant les systèmes sociaux, déstructurant les économies, et infligeant des blessures identitaires. Avec la décolonisation, un tournant historique s'est produit, mais les effets de ces empires ne se sont pas évanouis pour autant. Les conséquences de cette ère continuent de marquer les sociétés contemporaines de manière tangible et symbolique, comme un héritage inaltérable.

Aujourd'hui, les flux migratoires des anciens territoires colonisés vers les anciennes puissances coloniales semblent révéler une forme de "boomerang" historique, une réponse à cette histoire commune où passé et présent se répondent. Ce phénomène soulève des questions complexes :

- *Les migrations actuelles ne seraient-elles pas, dans une certaine mesure, une suite logique de ce passé colonial ?*
- *Comment les structures économiques et les relations de pouvoir établies à l'époque coloniale influencent-elles encore les décisions de migration, les inégalités et les aspirations des individus ?*

Ce livre développe cette relation complexe entre immigration et colonialisme, en analysant les motivations profondes et multiples des migrations actuelles. L'impact des multinationales dans les pays anciennement colonisés se fait souvent ressentir dans des contextes où les élites, parfois peu enclines à partager les ressources avec le reste de la population, dominent le pouvoir.

La corruption dans certains états dont nous tairons les noms mais qui se reconnaitront, empêchant parfois le « pain » d'arriver aux lèvres de le personne lambda à laquelle ce « pain » est pourtant destiné, est également abordée, dévoilant comment des économies fragiles restent, pour beaucoup, dépendantes des grandes puissances, causant des désirs de migration parfois pour une vie meilleure.

À travers une approche historique, économique et sociologique, ce livre questionne les liens indissolubles entre le passé colonial et les défis migratoires modernes.

Les migrations ne se limitent cependant pas aux flux entre les anciennes colonies et les puissances d'antan : des pays dépossédés à l'époque de leurs colonies, comme l'Italie ou certains États de l'Europe de l'Est, doivent aussi aujourd'hui répondre à des migrations entrantes et sortantes, révélant que les enjeux migratoires dépassent le cadre colonial traditionnel et est symptomatique d'un monde qui tourne parfois à contre-courant.

En abordant les enjeux éthiques, économiques et politiques de ces questions, en ayant une réflexion évoluée et profonde sur les inégalités mondiales et le rôle des anciennes puissances coloniales dans les dynamiques de migration actuelles. Faut-il continuer à considérer l'immigration comme un problème à réguler, ou peut-on imaginer une approche plus humaine, plus solidaire, où l'égalité des droits et le respect de chacun deviennent les fondements d'un dialogue véritablement global ? *Immigrations, Boomerang des colonisations à travers le monde ?* propose une analyse des défis que posent les migrations dans un monde globalisé. Détachons-nous des perceptions simplistes et des stéréotypes sur les migrants, tout en tentant de comprendre les aspirations qui animent une personne à quitter son pays d'origine.

Ce livre vise à offrir des perspectives nouvelles et humaines pour un avenir où le respect des cultures et des droits de chacun sera au cœur des débats. En prenant en compte les réalités économiques, les enjeux environnementaux et les contextes politiques des migrations, il cherche à jeter les bases d'une compréhension plus équitable et plus nuancée de ces phénomènes globaux. Au-delà de l'analyse des causes et des impacts, il propose des pistes de réflexion et des solutions innovantes pour gérer les migrations de façon plus humaine, en envisageant des approches de coopération et de développement qui valorisent autant les pays d'accueil que ceux d'origine.

Dans un contexte où les migrations sont souvent perçues comme des crises à endiguer, ce livre invite à se poser des questions plus larges : comment l'histoire de la colonisation continue-t-elle de façonner notre perception des migrants ? En quoi le monde globalisé actuel est-il l'héritier de cette histoire ? Plus qu'un simple livre d'analyse, il s'agit là d'une invitation à explorer les dimensions humaines, économiques et culturelles des migrations, et à envisager ensemble un monde où les frontières ne seraient pas synonymes de rejet, mais de rencontre, de coopération et de respect.

<u>Remerciements</u>

À mon éditeur, dont le soutien, les conseils et l'exigence de qualité ont permis de donner à ce livre toute sa structure et sa profondeur. Votre confiance et votre expertise ont été des alliés essentiels à chaque étape de ce projet. Merci pour votre rigueur et votre engagement, sans lesquels ce livre n'aurait pu voir le jour.

À ma famille, dont le soutien indéfectible a été une source constante de motivation. Merci pour votre patience, vos encouragements et votre compréhension face aux heures passées plongé dans ce projet. Vos présences bienveillantes ont été un ancrage précieux.

À mes amis et proches, qui m'ont accompagné de leurs encouragements et de leur bienveillance. Vos questions, remarques et parfois même vos doutes m'ont aidé à enrichir et affiner mes idées. Merci pour votre écoute et vos encouragements qui ont fait toute la différence.

Enfin, un remerciement tout particulier aux auteurs composant la bibliographie, ce livre n'aurait pas pu atteindre cette profondeur et cette justesse sans leur savoir.

Je vous remercie tous de m'avoir inspiré dans cette aventure.

Chapitre 2 : Relations post-coloniales entre pays colonisateurs et ex-colonies

1. **Pactes et accords de coopération**
   – Analyse des accords économiques et militaires post-coloniaux.
2. **Dépendances économiques et aide au développement**
   – Relation d'interdépendance et rôle des prêts, subventions et aides.
3. **Influences politiques et culturelles**
   – Comment les anciennes métropoles exercent une influence persistante sur les ex-colonies par la diplomatie, la culture et les médias.

Chapitre 3 : La corruption et le rôle des multinationales dans les économies post-coloniales

1. **Corruption systémique et blocages économiques**
   – Impact des pratiques corrompues héritées des régimes coloniaux sur le développement.
2. **L'impact des multinationales dans les anciennes colonies**
   – Influence des entreprises sur les politiques économiques et l'exploitation des ressources.
3. **Souveraineté économique et contrôle des ressources**
   – Défis pour les pays en développement de reprendre le contrôle sur leurs ressources.

Chapitre 4 : Le défi migratoire pour les nations dépourvues de colonies

1. **Migrations modernes et mondialisation**
   – Étude de la mobilité humaine accrue due à la mondialisation, au-delà des relations coloniales.
2. **L'Italie et les flux migratoires**
   – Focus sur l'Italie et d'autres pays européens face aux défis d'immigration sans passé colonial direct.
3. **Rôle de l'Union européenne et politiques d'intégration**
   – Implication des institutions européennes et adaptation des politiques d'accueil.

<u>**Chapitre 5 : Impact de l'immigration dans les pays d'accueil**</u>

1. **Impacts économiques : apports**
    – Étude de l'apport économique des populations immigrées
2. **Des signes de rejet croissant**
    – Mise en lumières du rejet de certains radicaux des classes politiques à travers le monde chez les anciens colons.
3. **Une réhumanisation nécessaire et une cause profonde**
    – Reconnaitre la part de responsabilité des anciens colons dans l'immigration actuel et réhumaniser le débat.

<u>**Chapitre 6 : "Migrations et Mobilités, si la colonisation n'avait pas eu lieu"**</u>

1. L'histoire des migrations, de la nuit des temps à nos jours
– Aperçu des migrations humaines depuis les premiers déplacements jusqu'aux grandes vagues migratoires contemporaines.
– Analyse des causes et des mécanismes de la mobilité humaine, de la préhistoire à l'ère moderne.
– Impact des découvertes géographiques, des routes commerciales et des dynamiques politiques anciennes sur les migrations humaines.

2.Hyppothèse : le visage général d'un monde sans colonisation
– Exploration des trajectoires de développement des sociétés à travers le monde sans l'influence coloniale.
– Impact sur la diversité culturelle, l'autonomie des civilisations et l'émergence de partenariats régionaux.
– Mise en évidence des sociétés plus égales dans leurs échanges économiques, culturels et politiques.

3. Conséquences de l'absence de colonisation sur les migrations en particulier
– Analyse des flux migratoires sans les contraintes et les influences coloniales.
– Étude des migrations fondées sur des critères économiques, géographiques et culturels, plutôt que sur des liens coloniaux.

– Hypothèse d'un monde avec des réseaux migratoires plus diversifiés, locaux et moins concentrés autour des anciennes puissances coloniales.

Chapitre 7 : Perspectives et réformes pour un équilibre migratoire et post-colonial

1. **Réformes institutionnelles et gouvernance mondiale**
   – Nécessité de renforcer les institutions internationales pour une gestion équitable des migrations.
2. **Rôle des pays du Nord et du Sud dans une gouvernance équilibrée**
   – Coopération entre pays développés et en développement pour une régulation juste des flux migratoires.
3. **Vision d'un monde post-colonial et interdépendant**
   – Perspective d'un avenir où les relations ne sont plus basées sur la domination, mais sur l'interdépendance et la coopération.

Conclusion

1. **Bilan des impacts historiques et actuels**
– Récapitulation des effets durables de la colonisation sur les sociétés et les migrations.

2. **Synthèse des enjeux migratoires contemporains**
– Résumé des défis actuels liés aux flux migratoires et à leurs conséquences économiques, sociales et politiques.

3. **Propositions pour l'avenir et perspectives**
– Suggestions de solutions pour une gestion plus équitable des migrations et une coopération internationale fondée sur l'interdépendance.

Annexes

Glossaire

Introduction

L'histoire de la colonisation, phénomène aux multiples visages, a façonné profondément les sociétés modernes. Ce processus d'expansion territoriale mené par les puissances européennes à partir du XVe siècle a eu des répercussions économiques, sociales et culturelles bien au-delà de la simple appropriation de terres lointaines. Si la colonisation a entraîné la constitution d'empires étendus aux quatre coins du monde, elle a également laissé derrière elle des cicatrices profondes, dont les effets continuent de se faire sentir dans les dynamiques migratoires contemporaines. La décolonisation, qui a marqué la fin de l'ère impériale au XXe siècle, n'a pas permis de solder les questions liées à l'exploitation, aux relations de pouvoir et aux déplacements forcés qui ont façonné les peuples sous domination coloniale. Ainsi, les migrations actuelles ne sont pas simplement le fruit de circonstances économiques ou géopolitiques immédiates, mais une continuation des flux engendrés par des siècles de domination coloniale. Décortiquons ensemble ces relations complexes et découvrons comment l'héritage colonial continue d'influencer les flux migratoires dans un monde globalisé.

Contexte historique et enjeux contemporains

La colonisation, dans sa forme moderne, débute au XVe siècle avec les Grandes découvertes. Des explorateurs tels que Christophe Colomb ou Vasco de Gama, financés par des monarchies européennes, partent à la recherche de nouvelles routes commerciales, mais découvrent en fait des continents entiers à exploiter. Bien que les motivations des premiers explorateurs fussent commerciales, la colonisation s'est progressivement transformée en un projet impérialiste où l'expansion territoriale devenait un moyen d'assurer la domination politique, économique et culturelle des puissances colonisatrices. À l'instar de l'empire britannique qui s'étendait à travers l'Inde, les Caraïbes, l'Afrique et l'Asie, ou encore l'empire français qui étendait son emprise sur de vastes territoires en Afrique du Nord et en Afrique subsaharienne, ces puissances n'hésitaient pas à transférer leurs propres populations pour peupler et exploiter ces nouvelles terres. Ce processus n'était pas uniquement motivé par des préoccupations économiques immédiates mais par des idéologies impérialistes, considérant les peuples indigènes comme inférieurs et justifiant la colonisation comme une mission civilisatrice.

Les migrations de colons vers ces nouvelles colonies ont été encouragées par les puissances coloniales pour peupler ces territoires et assurer leur contrôle. Par exemple, au XIXe siècle, des vagues de colons européens ont été envoyées en Algérie, en Australie ou au Canada.

Souvent sous l'impulsion de politiques gouvernementales qui leur offraient des terres en échange de leur engagement à développer les territoires. Ces migrations étaient parfois le résultat de pressions économiques en Europe, notamment en raison de la pauvreté et des conditions de vie difficiles qui caractérisaient les classes populaires des pays d'origine des colons. Le colon, en quête d'une meilleure vie, était une pièce maîtresse du système colonial, un acteur clé dans l'édification d'un empire en expansion.

Ce phénomène de colonisation n'a pas été uniforme et a pris des formes variées selon les régions et les époques.

Là où la colonisation britannique, par exemple, reposait largement sur l'exploitation des colonies comme des espaces commerciaux et agricoles, la colonisation française s'est souvent appuyée en plus sur une imposition d'un mode de vie, une assimilation culturelle visant à effacer les identités locales et à imposer la langue et les coutumes françaises. L'une des conséquences de ces migrations coloniales fut la création de communautés et de sociétés profondément marquées par des hiérarchies raciales, ethniques et sociales, qui perdureraient bien après l'indépendance des anciennes colonies.

La décolonisation, amorcée après la Seconde Guerre mondiale, n'a pas éliminé ces tensions. En dépit des luttes pour l'indépendance, les nations nouvellement émancipées ont hérité d'infrastructures fragiles et d'économies dépendantes des anciennes puissances coloniales. Alors peut-on réellement parler d'indépendance ? Question énigmatique…

Ce processus de libération a également vu un renversement paradoxal des flux migratoires.

Les anciennes métropoles, qui avaient exporté des colons vers leurs colonies, ont vu à leur tour affluer des vagues d'immigrants en provenance de leurs anciennes colonies après les indépendances.

Ce phénomène a ouvert une nouvelle phase des migrations, souvent marquée par des tensions sociales et culturelles dans les pays d'accueil, envenimées par des discours politiciens.

Effet de la colonisation sur les sociétés et les migrations

L'impact de la colonisation sur les sociétés et les migrations est vaste et complexe. Sur le plan culturel, la colonisation a imposé des modèles européens sur des sociétés ancestrales et souvent millénaires.

La langue, la religion et les pratiques sociales européennes ont été exportées vers les colonies, souvent en remplacement ou en concurrence avec les cultures locales.

Par exemple, l'introduction du christianisme en Afrique, en Asie ou dans les Caraïbes a profondément modifié les pratiques religieuses et sociales. Aujourd'hui encore, les anciennes colonies continuent de porter cette empreinte, notamment par la présence des langues coloniales comme le français, l'anglais, ou le portugais, qui sont devenues des langues nationales ou internationales.

Sur le plan économique, la colonisation a structuré les anciennes colonies selon un modèle extractif, centré sur l'exploitation des ressources naturelles pour alimenter les économies des métropoles. Cette extraction a souvent eu lieu au détriment des populations locales, qui ont été contraintes à des formes de travail forcé, comme le servage ou le travail en plantation. Les pays colonisateurs ont souvent créé des infrastructures, routes, ports, chemins de fer, non pas pour le développement des colonies, mais pour assurer le transport des ressources vers les métropoles dans un but économique. Ces structures ont, pour la plupart, laissé un héritage de dépendance économique, d'inégalités sociales et de tensions politiques. Sans parler du commerce triangulaire.

Les sociétés colonisées ont également été déstructurées sur le plan politique. Les systèmes de gouvernance imposés par les colonisateurs n'ont pas toujours pris en compte les structures politiques locales, et ont souvent privilégié des formes de domination autoritaires qui ont créé des fractures durables entre les différentes communautés.

En Afrique, par exemple, les frontières tracées par les puissances coloniales ne correspondaient pas aux réalités ethniques, ce qui a contribué à des conflits internes qui perdurent encore aujourd'hui. Le modèle politique colonial a laissé après les décolonisations, parfois dans certains lieux, des systèmes de gouvernance centralisés et souvent corrompus, qui ont engendré des régimes autoritaires au détriment des populations.

Les migrations contemporaines doivent aussi être comprises à travers cet héritage colonial. De nombreuses anciennes colonies, confrontées à la pauvreté, dépossédées de leurs ressources, à des conflits internes et à la dépendance économique, connaissent des migrations, souvent en direction des anciennes puissances coloniales. Ce phénomène a provoqué de nouvelles formes de tensions et de débats politiques autour des questions d'immigration, souvent exacerbées par des sentiments nationalistes et identitaires dans les pays d'accueil.

Objectifs du livre et vision globale

Le but de cet ouvrage est de démystifier les liens complexes entre colonisation et migrations, tout en explorant les effets durables de l'un sur l'autre.

En étudiant l'impact de la colonisation sur les structures culturelles, économiques et politiques des anciennes colonies, mais aussi sur les pays colonisateurs, ce livre cherche à mettre en lumière les dynamiques migratoires actuelles qui sont les héritières de ces bouleversements historiques. Les migrations ne peuvent être réduites à des phénomènes économiques ou politiques contemporains ; elles sont aussi un prolongement des blessures laissées par l'histoire coloniale entre autres.

L'objectif principal de ce propos est de poser un regard critique sur les relations entre les anciennes métropoles et leurs anciennes colonies, et de réfléchir à des solutions possibles pour réguler les migrations dans un monde post-colonial. L'ouvrage se propose également de discuter des enjeux éthiques de ces migrations, qui ne peuvent être abordées sans prendre en compte les inégalités mondiales héritées du colonialisme et de l'impérialisme. Comment réguler ces flux migratoires dans un cadre plus équitable, en tenant compte de l'histoire ?

En analysant les tensions actuelles sans parti pris et en identifiant des solutions humaines et durables, ce livre vise à offrir une perspective. Loin de se contenter d'une vision réductrice ou fataliste, il explore les pistes d'une régulation des migrations qui tienne compte des droits humains, de la justice sociale et de l'équité internationale. De la pure réflexion pour une prise de conscience.

Les traces laissées par la colonisation continuent d'influencer les dynamiques migratoires actuelles. En dépassant une simple analyse des flux migratoires, il interroge l'héritage d'un passé colonial qui, loin d'être révolu, continue de façonner nos sociétés contemporaines. Les migrations ne sont pas simplement un enjeu de politique économique, mais un défi complexe qui met en lumière les inégalités profondes du monde globalisé. Le livre propose ainsi une réflexion sur la manière dont les sociétés peuvent réguler ces migrations tout en cherchant à réparer les injustices historiques du passé colonial.

La colonisation, phénomène historique complexe, a profondément redéfini les rapports internationaux, les sociétés et les économies mondiales. S'étendant sur plusieurs siècles, elle a modelé le paysage géopolitique et social du monde, établissant des relations de domination et d'exploitation entre les nations colonisatrices et les peuples colonisés. Pour comprendre l'ampleur de ses impacts, il est essentiel de définir ce qu'a été la colonisation, d'en explorer les types spécifiques, et d'analyser les transformations qu'elle a provoquées dans les domaines culturels, sociaux, économiques et politiques. Les conséquences de la colonisation sont toujours visibles aujourd'hui, notamment dans les ex-colonies qui continuent de faire face à des défis hérités de cette époque. Par ailleurs, les pays colonisateurs eux-mêmes n'ont pas échappé à des mutations internes liées à leur rôle impérialiste. Dans ce chapitre, nous nous efforcerons d'analyser la colonisation sous ses multiples aspects, en mettant en lumière les effets durables qu'elle a eu sur les anciennes colonies, ainsi que sur les relations internationales et les sociétés contemporaines.

1. Définition et contextes historiques

La colonisation désigne l'action d'un groupe de personnes ou d'un pays qui étend son contrôle sur un territoire étranger, souvent en soumettant ou en dominant les populations locales. Il existe plusieurs formes de colonisation, chacune ayant des caractéristiques distinctes selon ses méthodes, ses objectifs et ses effets.

La **colonisation de peuplement** assimilable à une migration, est l'une des formes les plus visibles de la colonisation. Elle se caractérise par l'arrivée massive de colons venus d'une métropole, dans le but de s'installer de manière permanente sur un territoire. Ce type de colonisation a été particulièrement marqué par les empires européens en Amérique, en Australie, et en Afrique du Sud. Des populations entières, telles que les Britanniques en Australie ou les Français en Algérie, ont cherché à créer de nouvelles sociétés fondées sur des structures politiques et sociales inspirées de leurs pays d'origine. Ces colonies étaient souvent destinées à être des réservoirs de ressources, mais aussi à accueillir des populations excédentaires des métropoles : une immigration européenne vers les ex-colonies qui n'ont pas eu leur mot à dire à l'époque.

Le processus de colonisation de peuplement impliquait parfois de la violence, certains autochtones ayant été déplacé de force et pour les moins chanceux quasi exterminés.

La **colonisation d'exploitation**, quant à elle, avait pour objectif principal l'extraction des ressources naturelles et humaines d'un territoire sans l'intention d'y installer une population permanente. Elle s'est exercée principalement sur le continent africain et en Asie, sous des formes variées. Les colonisateurs européens cherchaient avant tout à s'enrichir en exploitant les terres, les mines et la main-d'œuvre locale, en instaurant des régimes de travail forcé ou des systèmes de plantations. Les pays colonisateurs, tels que la Belgique, la France et le Royaume-Uni, utilisaient les populations locales pour la production de matières premières destinées à alimenter leurs économies en pleine industrialisation. L'objectif était de maintenir les populations dans un état de dépendance économique, tout en maximisant les profits pour la métropole.

Enfin, l'**impérialisme économique** représente une forme de domination plus indirecte, qui s'est développée au XXe siècle, notamment après la Seconde Guerre mondiale. L'impérialisme économique repose sur l'extension de l'influence d'un pays à travers le contrôle des marchés et des ressources, sans nécessairement officiellement exercer une domination directe sur le territoire. Les grandes puissances coloniales ont ainsi parfois mis en place des accords commerciaux inégaux avec leurs anciennes colonies, leur imposant des termes qui favorisaient les économies métropolitaines tout en limitant les possibilités de développement autonome des colonies.

2.   Conséquences culturelles et sociales

Les effets culturels et sociaux de la colonisation sont parmi les plus durables et les plus visibles dans les sociétés modernes. Les sociétés colonisées ont été profondément affectées dans leurs modes de vie, leurs traditions, et leurs identités culturelles. La colonisation a souvent imposé des langues, des religions et des systèmes de valeurs étrangers aux populations locales, bouleversant les structures sociales et les croyances traditionnelles.

L'imposition de la langue coloniale est l'une des plus marquantes de ces transformations. Le français, l'anglais, l'espagnol ou le portugais sont devenus des langues dominantes dans de nombreuses anciennes colonies, souvent au détriment des langues autochtones.

Cette substitution linguistique a eu des conséquences profondes sur la culture, l'éducation, et même la perception de soi des populations locales.

Par exemple, dans l'Empire britannique, les populations d'Inde ont été poussées à apprendre l'anglais, ce qui a créé une élite anglo-indienne, tout en marginalisant les langues et les cultures indigènes. De même, en Afrique de l'Ouest, l'introduction du français a supplanté les langues africaines et relégué les langues d'antan au second plan.

La religion a été un autre instrument majeur de domination. Les puissances coloniales, particulièrement les Européens, ont imposé le christianisme aux peuples non chrétiens qu'ils rencontraient, cherchant à éradiquer les croyances traditionnelles et à transformer les pratiques religieuses locales. Dans de nombreux cas, cette conversion religieuse a eu des effets dévastateurs sur les structures sociales préexistantes. En Afrique, en Asie et en Amérique latine, le christianisme est devenu une institution centrale, bien que parfois syncrétique avec les religions locales. Cela a modifié les hiérarchies sociales et influencé les rapports de pouvoir au sein des sociétés colonisées. Certains religieux allant jusqu'à justifier la colonisation (exemple. Père Charles Martial Lavigerie XIXe siècle).

L'influence culturelle a également été renforcée par les pratiques administratives et le mode de vie des colons. Ces derniers ont imposé des structures de gouvernance qui ont souvent bafoué les systèmes traditionnels de gestion des ressources et des communautés. Les anciennes colonies ont dû se soumettre à des pratiques administratives imposées par les colonisateurs, qui ont éliminé, ou du moins marginalisé, les autorités locales et les institutions traditionnelles. Ce changement a entraîné une perte de pouvoir pour les élites locales et a modifié la structure sociale, souvent au profit des colons et des administrateurs métropolitains.

3.   **Héritage économique et politique**

L'héritage économique de la colonisation reste palpable dans les anciennes colonies. En dépit des indépendances formelles acquises à partir du XIXe siècle, les structures économiques mises en place par les colonisateurs ont laissé des empreintes durables. L'économie coloniale était largement fondée sur l'exploitation des ressources naturelles et humaines, une logique qui a été poursuivie après les indépendances. Les anciennes colonies étaient souvent laissées dans une situation de dépendance, avec des économies mono-productrices (comme le café, le cacao, ou les minéraux) qui ne permettaient pas un développement autonome.

L'intégration dans l'économie mondiale a également été orientée par les intérêts des puissances coloniales, qui ont orienté les anciennes colonies vers une spécialisation dans l'exportation de matières premières, tout en négligeant les secteurs industriels et commerciaux. Cela a créé une situation économique inégale, où les anciennes colonies sont restées largement dépendantes des puissances coloniales et de leurs entreprises. En Afrique, cette structure économique a contribué à l'instabilité économique, avec une croissance faible et des inégalités sociales persistantes.

Sur le plan politique, la colonisation a imposé des systèmes de gouvernance étrangers aux sociétés colonisées, souvent sans tenir compte des réalités culturelles et sociales locales. Les États-nations créés par les colonisateurs ont souvent ignoré les divisions ethniques, tribales et culturelles préexistantes, exacerbant les tensions internes après l'indépendance. En Afrique, par exemple, les frontières tracées par les colonisateurs ont regroupé des groupes ethniques souvent en conflit, ce qui a donné lieu à des guerres civiles et à des régimes autoritaires post coloniales. L'héritage des institutions coloniales a ainsi continué de structurer les systèmes politiques post-coloniaux, qui ont parfois été marqués par la corruption, l'autoritarisme, l'instabilité et la fragilité sociales et humaine qui en découle.

<u>Conclusion</u>

En conclusion de ce chapitre, retenons que la colonisation a laissé un héritage complexe et multiforme sur les sociétés et les économies du monde. Ses effets sont encore présents dans les rapports de pouvoir contemporains, dans les flux migratoires, et dans les dynamiques économiques mondiales. Si la colonisation a permis aux puissances coloniales de s'enrichir, elle a laissé les peuples colonisés dans une situation de dépendance et d'inégalités profondes, dont les traces sont encore visibles aujourd'hui. Il est impératif de comprendre cet héritage pour en saisir les enjeux contemporains des migrations, des relations internationales, et des défis économiques. En analysant les divers aspects de la colonisation, nous pouvons mieux comprendre les processus de transformation sociale et économique que les sociétés ont traversés, et ainsi envisager des solutions plus justes pour un avenir post-colonial plus équitable.

Sources :

1. **Sartre, Jean-Paul.** *Colonialism and Neocolonialism.* 1964.
2. **Fanon, Frantz.** *Les Damnés de la Terre.* 1961.
3. **Nkrumah, Kwame.** *Neocolonialism: The Last Stage of Imperialism.* 1965.
4. **Mamdani, Mahmood.** *Citizen and Subject: Contemporary Africa and the Legacy of Late Colonialism.* 1996.
5. **Pomeranz, Kenneth.** *The Great Divergence: China, Europe, and the Making of the Modern World Economy.* 2000.

<u>Chapitre 2 :</u>

<u>Relations post-coloniales entre pays colonisateurs et ex-colonies</u>

La décolonisation, bien qu'ayant mis fin à la domination politique directe des puissances coloniales, n'a pas pour autant marqué la fin de leur influence sur leurs anciennes colonies. Au contraire, la transition vers l'indépendance a souvent été suivie par la mise en place de relations complexes, dans lesquelles les anciennes métropoles ont cherché à maintenir leur influence sur les ex-colonies. Ces relations post-coloniales se sont articulées autour de pactes et accords de coopération, d'une interdépendance économique, et de formes subtiles mais persistantes d'influences politiques et culturelles. Ces dynamiques continuent de modeler le monde contemporain, donnant naissance à des formes de dépendance. Ce chapitre analyse en profondeur les relations post-coloniales entre pays colonisateurs et ex-colonies, en mettant l'accent sur les accords de coopération, les dépendances économiques, et l'influence politique et culturelle. Nous analyserons les enjeux de ces relations et leur impact sur le développement des pays ex-coloniaux, ainsi que les conséquences de cette domination persistante.

1. Pactes et accords de coopération

Après la décolonisation, les relations entre les pays anciennement colonisateurs et leurs anciennes colonies ont souvent été régies par des accords bilatéraux ou multilatéraux, qui ont pris différentes formes : accords commerciaux, accords militaires, ou accords d'aide. Ces pactes ont pour but de maintenir des relations étroites, en partie pour assurer la stabilité politique et économique dans les anciennes colonies, tout en protégeant les intérêts des anciennes puissances coloniales (**Jean-François Bayart** - *L'État en Afrique : La Politique du Ventre*).

Les accords économiques ont été au cœur de ces relations post-coloniales. Par exemple, les accords entre la France et ses anciennes colonies africaines, dans le cadre de la Françafrique, ont été marqués par des relations économiques asymétriques.

La France a maintenu un contrôle important sur les ressources naturelles, les matières premières et les infrastructures des anciennes colonies, tout en en échangeant des bénéfices via des entreprises françaises qui continuaient d'exploiter les ressources des pays africains. En échange, la France garantissait une certaine stabilité politique et militaire, soutenant des régimes parfois autoritaires ou des élites locales qui restaient favorables aux intérêts français.

Le cas des accents militaires est également pertinent. L'influence militaire de certaines puissances coloniales a perduré après les indépendances, souvent sous forme d'accords de défense ou de coopération sécuritaire. De nombreux pays africains ont ainsi signé des accords de défense avec la France, leur assurant une aide militaire en cas de troubles internes ou de menaces extérieures. Ces relations ont également donné lieu à la présence de bases militaires françaises sur le sol africain, dans des pays comme le Tchad, le Gabon, ou la Côte d'Ivoire. Cette présence a permis à la France de maintenir une capacité d'influence sur ses anciennes colonies, notamment en cas de crise politique ou de tensions internes. Ces accords de coopération, loin d'être des pactes égaux, ont souvent été conçus dans une logique de maintien de la domination politique et économique.

2. Dépendances économiques et aide au développement

Les relations économiques post-coloniales entre les anciennes puissances coloniales et les pays du Sud continuent de révéler un phénomène d'interdépendance. Tandis que les anciennes métropoles ont de plus en plus mis en place des politiques d'aide au développement, ces aides sont souvent marquées par des liens de dépendance qui favorisent les intérêts des donateurs plutôt que ceux des récipiendaires.

Les prêts et subventions qui se sont multipliés après les indépendances ont renforcé cette interdépendance économique. À première vue, l'aide au développement semblait être une initiative généreuse de la part des anciennes puissances coloniales, visant à favoriser le développement des ex-colonies. Toutefois, il s'est souvent avéré que ces prêts étaient conditionnés par des politiques économiques imposées par les prêteurs. Le FMI et la Banque mondiale ont été des acteurs majeurs dans ce processus, accordant des crédits aux pays en développement sous réserve de l'application de réformes économiques favorisant la libéralisation du marché, la privatisation des ressources et l'ouverture aux investissements étrangers.

Ces réformes ont souvent eu des conséquences néfastes pour les pays bénéficiaires, conduisant à un endettement massif et à des économies fortement dépendantes des importations et des exportations.

L'aide au développement a également été utilisée pour maintenir des liens économiques entre les anciennes métropoles et leurs anciennes colonies.

Par exemple, les accords de coopération entre la France et ses anciennes colonies africaines ont souvent été accompagnés de programmes d'aide, visant à encourager les investissements français dans les secteurs clés comme l'agriculture, les infrastructures ou les industries extractives. Cependant, cette aide était rarement désintéressée. Les entreprises françaises ont continué à jouer un rôle central dans les économies des anciennes colonies, exploitant des ressources naturelles à faible coût tout en laissant la majeure partie des populations locales dans des conditions de pauvreté pendant que des élites locales en profitaient. Les investissements et les prêts ont contribué à renforcer les inégalités économiques et à maintenir une situation de dépendance.

3. Influences politiques et culturelles

Au-delà des accords économiques et militaires, les anciennes métropoles ont exercé une influence politique et culturelle persistante sur leurs anciennes colonies. Cette influence a pris de multiples formes, de la diplomatie aux échanges culturels, en passant par l'impact des médias et de l'éducation.

Les relations diplomatiques entre les anciennes métropoles et leurs ex-colonies sont un terrain fertile pour l'analyse des dynamiques post-coloniales.

En matière culturelle, l'influence des anciennes métropoles reste évidente à travers l'éducation et la langue. Les anciennes colonies, en particulier en Afrique et en Asie, ont vu leurs systèmes éducatifs modelés sur ceux des puissances coloniales. Les écoles ont souvent continué à enseigner la langue coloniale, qu'il s'agisse du français, de l'anglais ou du portugais, et les programmes scolaires ont mis l'accent sur l'histoire, la culture et les valeurs des pays colonisateurs. Cette hégémonie culturelle a donné lieu à un sentiment d'infériorité et de dépendance chez les peuples colonisés, dont les cultures et les traditions ont été largement marginalisées. Aujourd'hui encore, beaucoup de pays ex-coloniaux continuent de promouvoir la langue et la culture du colonisateur dans des contextes internationaux, bien que des mouvements pour revendiquer des identités culturelles autochtones aient émergé, ceux-ci restent marginaux.

Certains médias, enfin, jouent un rôle clé dans la propagation de l'influence culturelle. Les grandes puissances coloniales, notamment la France et le Royaume-Uni, continuent d'avoir un impact significatif sur les médias internationaux et nationaux des anciennes colonies.

<u>**Conclusion**</u>

Pour clôturer ce second chapitre, rappelons que les relations post-coloniales entre les anciennes métropoles et leurs ex-colonies sont marquées par des dynamiques complexes d'interdépendance et de dépendance. Si la décolonisation a mis un terme à la domination politique directe des puissances coloniales, elle n'a pas effacé les structures de pouvoir et les relations économiques, diplomatiques et culturelles qui continuent de lier ces anciennes métropoles aux pays qu'elles ont colonisés. Les accords de coopération, l'aide au développement et les influences politiques et culturelles ont permis aux anciennes puissances coloniales de maintenir une forme de contrôle qui ne porte pas son nom. Cette situation d'asymétrie dans les relations internationales contribue à maintenir des inégalités globales et à nourrir des tensions géopolitiques. Ainsi, bien que la colonisation soit terminée sur le plan officiel, ses effets perdurent dans un système mondial où les traces du passé continuent de façonner les rapports de pouvoir contemporains, perdurent donc de graves inégalités dans les anciennes colonies qui poussent certains autochtones à l'expatriation.

Sources :

1. **Mamdani, Mahmood.** *Citizen and Subject: Contemporary Africa and the Legacy of Late Colonialism.* 1996.
2. **Fanon, Frantz.** *Les Damnés de la Terre.* 1961.
3. **Nkrumah, Kwame.** *Neocolonialism: The Last Stage of Imperialism.* 1965.
4. **Sartre, Jean-Paul.** *Colonialism and Neocolonialism.* 1964.
5. **Chinweizu.** *The West and

<u>Chapitre 3</u>

<u>La corruption et le rôle des multinationales dans les économies post-coloniales</u>

Les économies des pays post-coloniaux continuent d'être confrontées à des défis structurels profondément enracinés dans leur passé colonial. Parmi ces défis, la corruption systémique et l'influence des multinationales sur les politiques économiques locales jouent un rôle crucial dans le maintien des inégalités économiques et dans l'entrave au développement durable. Ces phénomènes sont des héritages directs de la colonisation, où les structures de pouvoir étaient souvent conçues pour servir les intérêts des puissances coloniales et des élites locales associées à celles-ci.

L'instabilité politique, la faiblesse des institutions et l'absence de gouvernance transparente ont permis à la corruption de prospérer et de freiner le progrès économique. Parallèlement, les multinationales, en partie héritières des grandes entreprises coloniales, continuent d'exploiter les ressources naturelles des anciennes colonies tout en exerçant une influence significative sur leurs politiques économiques, exacerbant les dépendances économiques des pays en développement. Ce chapitre étudie ces deux phénomènes : la corruption systémique et l'exploitation par les multinationales et analyse leurs effets durables sur les économies post-coloniales, ainsi que les obstacles rencontrés par ces pays pour regagner leur souveraineté économique et prendre le contrôle de leurs ressources naturelles.

1. Corruption systémique et blocages économiques

La corruption dans les anciennes colonies, loin d'être une simple pratique isolée, est souvent devenue une caractéristique systémique profondément enracinée dans les structures de pouvoir. Au détriment de la population les incitant parfois à l'exode.

Cette corruption s'est développée sous la domination coloniale, où certains administrateurs coloniaux et certaines élites locales étaient exerçait leur contrôle favorisant parfois des enrichissements personnels.

À l'indépendance, de nombreux pays nouvellement formés ont vu ces pratiques perdurer, avec une gouvernance fragile et une absence d'institutions solides pour encadrer l'action publique.

L'un des héritages les plus marquants de la colonisation réside dans l'absence de structures démocratiques robustes dans beaucoup de pays africains, asiatiques et sud-américains. Sous le régime colonial, les décisions étaient centralisées et prises par les autorités coloniales, souvent sans consultation des populations locales.

À l'indépendance, de nombreux pays ont hérité de systèmes politiques autoritaires où le pouvoir était concentré entre les mains d'une élite restreinte, souvent en lien avec les anciennes puissances coloniales. Ces systèmes ont favorisé la corruption, qui est devenue une manière de maintenir le contrôle et d'enrichir une classe dirigeante souvent déconnectée des besoins réels de la population maintenue dans une fragilité financière.

Clientélisme, patronage, où les dirigeants utilisent les ressources publiques pour servir leurs propres intérêts ou ceux de leurs alliés pullulent dans certaines anciennes colonies. Ces pratiques ont conduit à une mauvaise gestion des ressources naturelles, à des investissements inefficaces et à une mauvaise distribution et répartition des richesses. La mauvaise gouvernance et l'absence de transparence dans la gestion des fonds publics ont ainsi freiné le développement économique, menant à des situations de stagnation ou de développement lent ou de récession dans de nombreuses régions. Avec pour conséquences des moyens limités pour une grande partie des populations locales.

Les investissements étrangers sont souvent dirigés vers des projets qui profitent à l'élite locale et à certaines entreprises, tandis que les populations locales restent dans la pauvreté en grande partie. Les infrastructures restent sous-développées, et les secteurs comme l'éducation, la santé et l'agriculture souffrent de financements insuffisants. Le développement reste ainsi bloqué, car les ressources nécessaires pour stimuler la croissance sont siphonnées par des pratiques de corruption, exacerbées par des institutions faibles et une gouvernance déficiente.

2. **La place des multinationales dans les anciennes colonies**

Les multinationales jouent un rôle central dans l'économie des pays post-coloniaux, souvent en héritant pour certaines des activités économiques coloniales et en poursuivant l'exploitation des ressources naturelles.

Ces entreprises, qui ont souvent des racines dans les grandes compagnies coloniales, exercent une influence considérable sur les économies locales, tant sur le plan économique que politique. Les grandes entreprises multinationales continuent d'être les acteurs principaux dans l'exploitation des ressources naturelles dans les anciennes colonies, notamment dans des secteurs clés tels que l'extraction minière, l'agriculture et l'énergie.

L'impact des multinationales est particulièrement visible dans le secteur des ressources naturelles, où les anciennes colonies restent dépendantes des exportations de matières premières pour générer des revenus.

Les entreprises extractives multinationales, telles que les compagnies pétrolières ou minières, ont souvent des contrats lucratifs avec les gouvernements locaux, ce qui leur permet de contrôler une grande partie des ressources naturelles des pays post-coloniaux. En retour, ces pays bénéficient rarement d'une part équitable des profits générés par l'exploitation de leurs ressources.

Dans certains cas, les gouvernements locaux se retrouvent pris dans un dilemme, cherchant à attirer les investissements étrangers tout en étant conscients de l'exploitation inéquitable de leurs ressources et des profits qui s'en échappent. Cette situation a mené à une dépendance économique prolongée, où les économies des pays post-coloniaux restent soumises aux intérêts des grandes entreprises multinationales, empêchant une diversification de l'économie et freinant le développement local.

3. Souveraineté économique et contrôle des ressources

L'un des grands défis pour les pays post-coloniaux est de reprendre le contrôle sur leurs ressources naturelles et de restaurer leur souveraineté économique.

Les anciennes colonies étaient principalement organisées pour exploiter leurs ressources au profit de leurs colonisateurs, et la structure économique héritée de la colonisation reste profondément marquée par ce rapport de dépendance.

Depuis les indépendances, de nombreux pays ont cherché à reprendre le contrôle de leurs ressources naturelles et à mettre en place des politiques économiques qui favorisent leur propre développement plutôt que les intérêts étrangers. Cependant, cela se heurte à plusieurs obstacles. L'un des principaux défis réside dans les infrastructures et les capacités locales limitées à gérer efficacement l'exploitation des ressources.

Les anciennes colonies manquent souvent de la technologie, de l'expertise et des investissements nécessaires pour tirer pleinement parti de leurs ressources naturelles, ce qui les rend vulnérables aux intérêts étrangers.

De plus, les relations économiques internationales sont souvent déséquilibrées, avec des pays en développement qui restent dépendants des marchés mondiaux dominés par les pays riches et les multinationales.

Le contrôle des ressources naturelles par les puissances étrangères a des répercussions durables sur la capacité des nations post-coloniales à structurer leurs économies de manière autonome et à répondre aux besoins de leurs populations. Dans ce contexte, de nombreux pays post-coloniaux ont tenté de nationaliser certaines industries stratégiques, difficilement.

<u>Conclusion</u>

Les relations économiques post-coloniales sont caractérisées par une dépendance persistante vis-à-vis des anciennes puissances coloniales et des multinationales. La corruption systémique, héritée de certains régimes coloniaux, continue d'entraver le développement économique de certains pays post-coloniaux. Simultanément, les multinationales jouent un rôle majeur dans l'exploitation des ressources naturelles, en exerçant une influence considérable sur les politiques économiques locales. Ces dynamiques, loin de favoriser un développement équitable, créent des blocages structurels qui empêchent les pays en développement de reprendre le contrôle de leurs ressources et de construire des économies autonomes. La lutte pour la souveraineté économique reste un défi majeur, et seule une remise en question des rapports de force mondiaux pourrait permettre aux pays post-coloniaux de surmonter ces obstacles et d'engager un véritable processus de développement durable et inclusif et de réguler l'exode de populations.

Sources :

1. **Fanon, Frantz.** *Les Damnés de la Terre.* 1961.
2. **Sachs, Jeffrey.** *The End of Poverty: Economic Possibilities for Our Time.* 2005.
3. **Nkrumah, Kwame.** *Neocolonialism: The Last Stage of Imperialism.* 1965.
4. **Amin, Samir.** *L'impérialisme dans la phase actuelle.* 1973.
5. **Rodney, Walter.** *How Europe Underdeveloped Africa.* 1972.
6. Collier, Paul. The Bottom Billion: Why the Poorest Countries Are Failing and What Can Be Done About It. 2007.
7. Auty, Richard. The Curse of Resources: The Paradox of Plenty. 1993.
8. Programme des Nations Unies pour le développement (PNUD). Human Development Report 2002: Deepening Democracy in a Fragmented World. 2002.
9. Transparency International. Corruption and Development: The Anti-Corruption Campaigns. 2005.

Chapitre 4

Le défi migratoire pour les nations dépourvus d'ex-colonies

La question migratoire a pris une ampleur sans précédent au cours des dernières décennies, en grande partie en raison de la mondialisation qui a facilité la mobilité humaine à une échelle mondiale. Tandis que de nombreux pays ex-coloniaux sont souvent perçus comme étant les principales sources de flux migratoires en raison des héritages coloniaux et des inégalités historiques qui en découlent, certains pays dépourvus d'ex-colonies se trouvent pourtant aujourd'hui confrontés à des migrations.

Parmi ces pays, l'Italie, ainsi que plusieurs autres nations européennes, sont devenues des destinations majeures pour des populations en quête de meilleures opportunités économiques, de protection contre les conflits ou de sécurité face à des situations politiques instables. Ce chapitre analyse ce défi migratoire sous un angle particulier, celui des pays sans passé colonial direct ou alors bref, qui doivent s'adapter à une nouvelle dynamique migratoire dans un monde globalisé. Nous examinerons la mobilité humaine dans le contexte de la mondialisation, les spécificités des flux migratoires en Italie et dans d'autres pays européens, ainsi que le rôle de l'Union européenne et les politiques d'intégration mises en place pour gérer ces flux.

1. Migrations modernes et mondialisation

La mondialisation, phénomène de plus en plus prégnant depuis la fin du XXe siècle, a favorisé une mobilité humaine sans précédent à l'échelle mondiale. Ce processus, qui englobe les flux de biens, d'informations et de personnes à travers les frontières, a profondément modifié les dynamiques migratoires. L'intensification des échanges commerciaux, l'évolution des technologies de communication et de transport, ainsi que la libéralisation des marchés ont conduit à une augmentation significative des migrations.

Cette mobilité est désormais marquée par des déplacements de population non seulement entre les pays du Sud et du Nord, mais aussi entre pays du Sud, entre pays du Nord, et même au sein de ces zones elles-mêmes.

Contrairement à la période coloniale, où les migrations étaient souvent liées à des impératifs politiques, économiques et militaires, les migrations modernes sont largement influencées par une combinaison de facteurs globaux, tels que les crises économiques, les conflits armés, les catastrophes environnementales, ou encore les déséquilibres démographiques.

La mondialisation a permis à des individus venant de régions géographiques éloignées d'accéder plus facilement à de nouvelles opportunités dans des pays plus développés.

Les migrations économiques, où les individus cherchent de meilleures conditions de vie, sont devenues l'un des moteurs principaux de cette mobilité mondiale. Parallèlement, la migration forcée liée aux conflits ou à la persécution a également augmenté de manière significative, avec des millions de personnes cherchant asile dans des régions considérées comme plus sûres.

Ces nouveaux flux migratoires sont dus, en grande partie, à des facteurs globaux comme les guerres en Syrie et en Afghanistan, les persécutions politiques en Afrique du Nord ou encore les catastrophes écologiques dans certaines régions d'Afrique subsaharienne.

Ce phénomène de mondialisation des migrations représente un véritable défi pour ces pays aujourd'hui confrontés à une dynamique migratoire bien différente de celle qu'ils auraient pu anticiper, liée d'une part à l'héritage colonial, mais à des problématiques mondiales globales.

2. L'Italie et les flux migratoires

L'Italie constitue un exemple paradigmatique de pays dépossédé de colonies mais confronté à des vagues migratoires massives. Bien que l'Italie ait effectivement eu des colonies en Afrique (notamment en Libye, en Érythrée et en Somalie) pendant une période relativement courte (perdues suite à la 2nde guerre).

L'impact direct de ces colonies sur les flux migratoires contemporains est beaucoup moins marqué que dans les anciennes puissances coloniales comme la France ou le Royaume-Uni. Cependant, les transformations économiques et politiques du pays dans les dernières décennies en ont fait une destination principale pour les migrants ou un pays de transition vers d'autres destination.

Depuis les années 1980, l'Italie a vu son rôle en tant que destination migratoire augmenter de manière significative. Ce phénomène est dû à plusieurs facteurs, dont la proximité géographique avec l'Afrique du Nord et la Méditerranée, qui fait de l'Italie une porte d'entrée stratégique pour les migrants en provenance du continent africain, du Moyen-Orient et même d'Asie.

Par ailleurs, la situation politique instable dans des pays comme la Libye, ou encore les conflits en Syrie, ont conduit à une forte augmentation du nombre de réfugiés et de demandeurs d'asile qui cherchent à traverser la Méditerranée pour atteindre les côtes italiennes.

Bien que l'Italie n'ait pas de liens coloniaux aussi étroits que d'autres pays européens, la crise migratoire a mis en évidence la nécessité pour l'Italie de développer une politique d'immigration plus structurée. Les arrivées massives de migrants ont posé des défis énormes en matière de logement, d'intégration, d'emploi et de cohésion sociale. Les migrants, souvent arrivés sur des embarcations de fortune, sont confrontés à des conditions de vie difficiles et à une population locale qui n'est pas toujours prête à les accueillir.

L'impact de ces flux sur les politiques internes italiennes a été majeur, suscitant des débats internes sur la manière de gérer ces nouvelles populations. Les tensions politiques ont donné naissance à des partis populistes et nationalistes qui prônent des politiques d'immigration plus restrictives et de moins en moins humaines.

3. **Rôle de l'Union européenne et politiques d'intégration**

L'Union européenne joue un rôle central dans la gestion des migrations en Italie et dans d'autres pays européens confrontés à des flux migratoires importants. L'UE a mis en place plusieurs mécanismes pour gérer les crises migratoires, notamment par le biais de programmes d'aide et de répartition des réfugiés entre les États membres. Cependant, ces mécanismes ont souvent été critiqués pour leur inefficacité et pour les tensions qu'ils génèrent entre les différents pays membres, certains étant plus réceptifs aux migrants que d'autres.

L'une des initiatives clés de l'UE en matière de gestion migratoire a été la Politique Européenne de Voisinage (PEV), qui vise à renforcer la coopération avec les pays voisins de l'UE, en particulier les pays d'Afrique du Nord, afin de limiter les flux migratoires vers l'Europe. Cependant, cette politique a parfois été perçue comme paternaliste et inefficace, car elle ne résout pas les causes profondes des migrations, telles que les conflits ou les inégalités économiques.

Les politiques d'intégration des migrants au sein de l'UE, bien qu'elles aient été renforcées ces dernières années, restent souvent insuffisantes pour faire face aux défis pratiques.

En Italie, par exemple, l'intégration des migrants passe par des dispositifs d'accueil, des programmes de langue et d'insertion professionnelle, mais ces efforts se heurtent à des obstacles tels que le manque de ressources de l'Italie pays dont le PIB en 2024 est inférieur à celui de l'Inde et du Brésil. Et à la montée des tensions sociales et l'absence d'une vision commune au sein de l'UE.

<u>Conclusion</u>

Les pays dépossédés d'ex colonies, comme l'Italie, se trouvent aujourd'hui à la croisée des chemins, confrontés à des défis migratoires qui ne peuvent plus être appréhendés à travers le prisme des relations coloniales classiques. Les flux migratoires modernes, alimentés par la mondialisation et les crises géopolitiques, ont modifié les équilibres démographiques et économiques de nombreuses nations européennes, créant des tensions sociales, économiques et politiques.

Sources :

1. **Castles, Stephen**. *The Age of Migration: International Population Movements in the Modern World.* 2019.
2. **Sassen, Saskia**. *The Global City: New York, London, Tokyo.* 1991.
3. **De Haas, Hein**. *The Migration and Development Nexus: A Transnational Perspective.* 2008.
4. **Favell, Adrian**. *Eurostars and Eurocities: Free Movement and Mobility in an Integrating Europe.* 2008.
5. **Papageorgiou, Aris**. *Migration and the European Union: The Political Economy of Migration and Immigration in Europe.* 2015.

Chapitre 5 :

Effets de l'immigration dans les pays d'accueil

L'immigration est un phénomène qui a façonné le monde moderne à une échelle sans précédent. Alors que les migrations internationales sont une constante de l'histoire de l'humanité, leur intensité a particulièrement augmenté au cours des dernières décennies, en grande partie sous l'influence des dynamiques globales et des politiques coloniales passées.

Les pays dits d'accueil, principalement les anciennes puissances coloniales, ont vu les flux migratoires se transformer et se diversifier au fil du temps, avec des populations en provenance de toutes les régions du monde, cherchant refuge ou opportunités économiques. Cependant, bien que l'immigration soit souvent perçue comme une réponse aux déséquilibres mondiaux, elle suscite également des tensions dans les sociétés d'accueil.

Les impacts économiques, sociaux et politiques sont nombreux et ambivalents, à la fois bénéfiques et sources de défis. Ce chapitre se propose d'explorer ces effets sous différentes perspectives : les bénéfices économiques générés par l'immigration, les signes de rejet croissant dans les pays d'accueil, et la nécessité de réhumaniser le débat en reconnaissant la part de la colonisation dans les dynamiques migratoires actuelles.

Différentes raisons peuvent amener une personne à s'expatrier et à être considéré comme immigrée.

Les différents types d'immigrés peuvent être classés en fonction des raisons qui les poussent à quitter leur pays d'origine et à s'installer dans un autre.

Voici une description des principaux types d'immigrés :

1. **Immigrés économiques** :
   Ce sont des personnes qui migrent principalement pour des raisons économiques, cherchant de meilleures opportunités de travail, un meilleur niveau de vie, ou des conditions de travail plus favorables. Cela inclut souvent des travailleurs peu qualifiés ou des professionnels qualifiés, mais l'objectif reste l'amélioration des conditions de vie.

2. **Immigrés étudiants** :
   Ces immigrés sont des individus qui se déplacent dans un autre pays pour poursuivre leurs études, généralement issus de famille nantis ayant les moyens de financer leurs études l'étranger, certains sont boursiers, ou disposent d'une attache familiale dans le pays d'accueil. Ils peuvent venir d'une grande variété de pays, principalement à la recherche d'une éducation de qualité.

Leur séjour est temporaire, bien qu'un certain nombre choisissent de rester dans le pays d'accueil après avoir obtenu leur diplôme, en raison des opportunités professionnelles ou des politiques d'immigration favorables ou de nouvelles attaches familiales sui se crées.

3. **Réfugiés** :
Ce sont des personnes contraintes de fuir leur pays en raison de la guerre, des persécutions ethniques, religieuses ou politiques, ou d'autres formes de violence. Les réfugiés sont souvent protégés par des conventions internationales, telles que la Convention de Genève de 1951, qui leur garantit un statut particulier en tant que demandeurs d'asile.

4. **Immigrés familiaux** :
Ce groupe comprend les personnes qui migrent pour rejoindre un membre de leur famille qui vit déjà dans un autre pays. Ce type d'immigration peut concerner les conjoints, les enfants, les parents, ou d'autres proches, selon les politiques d'immigration du pays d'accueil.

5. **Immigrés humanitaires** :
Ces immigrés quittent leur pays en raison de catastrophes naturelles, de violations des droits humains, ou d'autres situations de crise. Bien que ce groupe soit souvent associé aux réfugiés, il peut également inclure des personnes déplacées en raison de causes non politiques, comme des sécheresses ou des conflits internes.

6. **Immigrés par programme de travail ou de travail saisonnier** :
Ces immigrés viennent dans un pays spécifique pour travailler pendant une période déterminée, souvent dans des secteurs tels que l'agriculture, la construction, ou les services. Leur statut est temporaire, mais certaines personnes restent après la fin de leur contrat, espérant obtenir un statut de résident permanent.

7. **Immigrés hautement qualifiés** :
Ce groupe comprend des travailleurs qui migrent pour des opportunités professionnelles dans des domaines spécialisés, comme les technologies, la médecine, l'ingénierie, ou la recherche scientifique. Ces immigrés sont souvent attirés par des politiques d'immigration qui facilitent l'entrée et la résidence pour des talents spécifiques.

8. **Immigrés clandestins ou sans papiers** :
   Ces personnes arrivent dans un pays sans autorisation légale, que ce soit
   en raison de la fraude documentaire, de la fuite des contrôles de sécurité,
   ou de l'oubli des formalités administratives. Leur statut est illégal, ce qui
   rend leur situation précaire et soumise à des politiques de régularisation,
   de répression ou d'expulsion selon les lois du pays d'accueil.

9. **Immigrés de retour** :
   Ce sont des personnes qui reviennent dans leur pays d'origine après avoir
   vécu dans un autre pays, souvent après un séjour prolongé. Cela peut
   inclure des migrants qui ont acquis la nationalité dans le pays d'accueil et
   décident de retourner dans leur pays natal, soit pour des raisons
   personnelles, soit professionnelles.

Ces catégories sont souvent interconnectées et peuvent se chevaucher. Par
exemple, un immigrant économique peut devenir un immigré permanent ou un
immigré hautement qualifié s'il obtient un emploi de qualité. Les politiques
d'immigration varient d'un pays à l'autre et influencent les possibilités
d'intégration et les défis rencontrés par ces groupes. Cependant une paranoïa
ambiante tend à confondre ces différents groupes et à se cantonner aux faits divers.

1. **Impacts économiques : bénéfices**

L'un des arguments les plus souvent avancés en faveur de l'immigration
est son apport économique aux pays d'accueil. Les migrants contribuent
directement et indirectement à la croissance économique par leur travail, leur
consommation et leur innovation.

De manière générale, les migrants occupent souvent des emplois dans des
secteurs économiques clés tels que la santé, la construction, l'agriculture et les
services, qui sont essentiels pour le bon fonctionnement des sociétés modernes.

De nombreux pays d'accueil, notamment en Europe et en Amérique du
Nord, bénéficient d'une main-d'œuvre immigrée dans des secteurs où la
population locale peine à pourvoir ces emplois. Par exemple, dans le secteur de la
santé, les travailleurs migrants occupent fréquemment des postes de médecins, de
soins infirmiers, d'aides-soignants et de médecins, d'agent de sécurité, de
personnel de ménage, contribuant à maintenir et améliorer la qualité des systèmes
de santé publics.

En outre, les migrants jouent un rôle crucial dans le secteur de la construction, où ils participent à la réalisation de grands projets d'infrastructures et de logements.

Les migrants apportent aussi une contribution importante aux finances publiques. Selon plusieurs études, ils sont souvent plus jeunes que la population native, ce qui signifie que ceux qui sont sous contrats cotisent plus longtemps aux systèmes de sécurité sociale, d'assurances retraite et de santé qu'ils ne bénéficient. Les migrants sont donc, en moyenne, un atout net pour les budgets nationaux, contribuant au financement des politiques publiques. Par ailleurs, les travailleurs immigrés, en raison de leurs conditions de travail souvent précaires et de leurs salaires relativement bas, contribuent à une réduction des coûts de production dans de nombreux secteurs, ce qui, par effet d'entraînement, améliore la compétitivité économique des pays d'accueil.

Au-delà de la contribution directe à l'économie, les migrants entrepreneurs jouent également un rôle essentiel dans la création de nouvelles entreprises, générant ainsi de l'emploi et de la richesse. En effet, de nombreuses études ont démontré que les immigrants sont souvent plus enclins à créer des entreprises que les natifs, stimulant ainsi la diversification économique et l'innovation. Ces entrepreneurs, souvent issus de communautés issues de la diaspora, sont bien placés pour comprendre les besoins des marchés émergents et des populations sous-représentées. Dans les pays d'accueil, cette créativité entrepreneuriale enrichit l'économie locale tout en renforçant les liens économiques à l'échelle mondiale. En France selon en 2023, d'après les données de l'INSEE, les immigrés représentent 10,7 % de la population.

En somme, l'immigration représente un moteur important de croissance économique et nous sommes très loin du remplacement des populations du pays d'accueil. Bien que les effets varient selon les politiques migratoires, l'intégration des migrants dans le marché du travail a des effets positifs sur les productivités industrielles, la stabilité sociale et la création d'emplois dans les pays d'accueil.

2. **Des signes de rejet croissant**

Cependant, malgré ces bénéfices indéniables, l'immigration est loin d'être unanimement perçue de manière positive dans les pays d'accueil. Les signes de rejet croissant observés dans certaines sociétés, notamment en Europe et en Amérique du Nord, font partie d'une dynamique plus complexe où les peurs culturelles, économiques et politiques s'entrelacent.

À l'heure où la mondialisation accélère les échanges, certains partis politiques et segments de la population voient l'immigration comme une menace pour leur identité nationale, leur sécurité et leur économie. Les réactions populistes et nationalistes gagnent en influence, avec des discours souvent construits autour de la crainte de "l'invasion" de migrants et du rejet de valeurs perçues comme étrangères et autour de l'exploitation de faits divers.

Des mouvements au sein des anciens pays colonisateurs, exploitent ces craintes pour rallier des voix sur des promesses de fermeture des frontières et de renvoi des migrants. Ces partis dénoncent les coûts sociaux de l'immigration, notamment la pression sur les services publics, l'accès aux prestations sociales et la concurrence sur le marché de l'emploi. L'influence de ces mouvements politiques a, dans de nombreux cas, conduit à la mise en place de politiques de plus en plus restrictives, telles que des lois sur la régularisation des migrants, des expulsions plus fréquentes, et des contrôles renforcés aux frontières.

Le rejet de l'immigration s'accompagne souvent d'un rejet des cultures et des religions associées aux nouveaux arrivants, et certains discours ont renforcé l'idée selon laquelle les sociétés d'accueil seraient victimes d'un "déracinement" culturel. Ce rejet se manifeste de plus en plus dans les débats publics et dans les politiques des gouvernements, où les migrants sont perçus non seulement comme une charge économique, mais aussi comme une menace sur la cohésion sociale, sans la mise en avant de leur apport financier qui est de plusieurs milliard d'euros par an.

Les termes de "ségrégation", "ghettoïsation" et "radicalisation" sont ainsi utilisés pour désigner des communautés immigrées souvent associées à des problèmes sociaux complexes, ce qui renforce l'image négative des populations migrantes rendant invisible l'aspect positif des migrations.

3. **Une réhumanisation nécessaire et une cause profonde**

Face à ces tensions croissantes, il est primordial de réhumaniser le débat sur l'immigration. Au-delà des statistiques économiques et des récits souvent déshumanisants sur les migrants, il est nécessaire de reconnaître l'histoire complexe et les injustices systémiques qui sous-tendent les dynamiques migratoires modernes. L'immigration, en grande partie, trouve ses racines dans des siècles de colonisation et d'exploitation par les puissances européennes.

Les anciennes colonies, privées de leurs ressources et de leur autonomie, ont vu leurs populations poussées à fuir la pauvreté et les conflits engendrés par les politiques coloniales. Le phénomène migratoire actuel est en grande partie une réponse à ces héritages : des terres spoliées, des économies brisées, des peuples laissés à la dérive, et des régimes politiques fragilisés par des siècles de domination étrangère.

Ainsi, la responsabilité des anciens colonisateurs dans l'immigration actuelle est indéniable. Les pays qui ont bâti leur richesse sur l'exploitation des ressources humaines et naturelles des colonies doivent aujourd'hui se rappeler qu'ils ont contribué à la situation qui pousse des millions de personnes à migrer à la recherche d'une vie meilleure. Le discours qui dépeint l'immigration comme un fardeau pour les pays d'accueil est non seulement simpliste mais ignore délibérément cette réalité historique, comme une amnésie historique volontaire. Reconnaitre cet état de fait et admettre les effets de la colonisation est une étape cruciale pour comprendre les causes profondes de l'immigration et, par conséquent, pour repenser les politiques migratoires à la lumière de ces injustices historiques. L'acceptation des causes permettra de trouver des solutions. Souvenons-nous des migrations européennes vers les colonies, un devoir de mémoire s'impose.

Il est donc nécessaire de réhumaniser le débat migratoire. Cela implique de regarder les migrants non pas comme des parasites économiques ou des menaces culturelles, mais comme des êtres humains porteurs de récits, d'espoirs et de luttes. En réintégrant une vision humaniste du phénomène migratoire, les sociétés d'accueil pourront trouver des solutions plus justes et plus équitables pour gérer l'immigration tout en honorant leur propre histoire.

<u>Conclusion</u>

Les effets de l'immigration dans les pays d'accueil sont multiples et contrastés. D'une part, l'immigration est une source indéniable de bénéfices économiques, contribuant à la prospérité et à la compétitivité des pays d'accueil. Mais, d'autre part, le rejet croissant de certains segments de la population témoigne des tensions sociales et politiques qui en découlent. Afin de rétablir un équilibre et de permettre une véritable réhumanisation du débat, il est essentiel de reconnaître l'héritage colonial et son rôle dans la structuration des migrations modernes. En prenant conscience de cette réalité, les sociétés peuvent évoluer vers une approche plus juste, respectueuse et durable de l'immigration.

Sources

1. **Castles, Stephen**. *The Age of Migration: International Population Movements in the Modern World.* 2019.
2. **Hollifield, James F.**. *The Politics of Immigration: Introduction to the Comparative Politics of Immigration.* 2014.
3. **Sassen, Saskia**. *Globalization: The Human Consequences.* 1998.
4. **Bauman, Zygmunt**. *Globalization: The Human Consequences.* 1998.
5. **Legrain, Philippe**. *Immigrants: Your Country Needs Them.* 2007.

Migrations et Mobilités, si la colonisation n'avait pas eu lieu

Les migrations humaines ont toujours fait partie intégrante de l'histoire de l'humanité, mais c'est l'époque de la colonisation qui a profondément redéfini les flux migratoires à une échelle mondiale. Ces mouvements, souvent imprégnés de rapports de domination et d'exploitation, ont marqué non seulement la structure démographique des nations colonisées mais aussi celle des pays colonisateurs.

Si la colonisation n'avait pas eu lieu, le visage des migrations humaines aurait-il été fondamentalement différent ? Ce chapitre se propose de développer cette hypothèse en analysant l'histoire des migrations humaines, les dynamiques qui les ont façonnées à travers les âges, puis en s'interrogeant sur les effets qu'aurait eu l'absence de la colonisation dans la structuration de ces flux migratoires.

À travers cette réflexion, nous chercherons à comprendre non seulement la nature des migrations sans l'ombre de la colonisation, mais aussi comment les sociétés se seraient développées différemment, et comment la mondialisation actuelle, avec ses déséquilibres et ses tensions, pourrait en être affectée.

1. **L'histoire des migrations, de la nuit des temps à nos jours**

Les migrations humaines remontent aux premiers déplacements de nos ancêtres. Dès la préhistoire, les êtres humains se déplaçaient pour des raisons alimentaires, climatiques ou environnementales. Ces déplacements étaient souvent liés à la recherche de nouvelles terres arables, à l'adaptation aux changements climatiques ou à la chasse de nouvelles ressources. Ainsi, les premières grandes migrations de l'Homo sapiens sont bien antérieures à l'établissement des civilisations et s'expliquaient essentiellement par des besoins fondamentaux. Ces migrations étaient, dans un premier temps, locales et en lien avec les cycles naturels de la vie humaine et animale. En effet, la migration est un phénomène ancien et universel, ancré dans l'histoire humaine.

Au fil des siècles, les migrations ont évolué avec les sociétés humaines. L'évolution des grandes civilisations, comme celle de la Mésopotamie, de l'Égypte antique, de la Chine ou de l'Inde, a favorisé des échanges commerciaux et culturels qui ont eux aussi généré des mouvements de populations. Les grandes routes commerciales, notamment la Route de la Soie ou les échanges méditerranéens, ont facilité ces déplacements de manière plus structurée. Ce sont ces routes qui ont permis une dynamique interculturelle, où les peuples se sont rencontrés, se sont influencés mutuellement et ont développé des liens commerciaux durables.

Dans cette période pré-moderne, les migrations étaient d'abord définies par des échanges économiques, les besoins d'expansion territoriale ou les conflits militaires.

Puis, avec les grandes découvertes géographiques du XVe et XVIe siècles, les migrations ont pris un tour plus global. Les explorateurs européens, motivés par la recherche de nouvelles routes commerciales et d'opportunités économiques, ont établi des liens avec l'Afrique, l'Asie et les Amériques. C'est là que les migrations ont pris une dimension nouvelle, avec l'implantation de colonies, mais aussi l'exportation forcée de populations, par exemple à travers le commerce transatlantique d'êtres humains. Ces migrations forcées ont jeté les bases des flux migratoires modernes, qui se caractérisent par des mouvements de populations souvent dictés par les inégalités économiques et politiques.

Dans les départements d'outre-mer, aux États-Unis, et dans d'autres régions, vivent des communautés issues de migrations forcées, déracinées de leur terre natale. Ces populations, dont des membres servent encore aujourd'hui dans les armées, méritent notre hommage.

Les siècles suivants, marqués par l'expansion impérialiste, ont amplifié cette dynamique. Si la colonisation n'avait pas eu lieu, il est raisonnable de supposer que les échanges commerciaux et les migrations humaines auraient continué à exister, mais dans un cadre plus égalitaire et moins forcé. Les migrations auraient sans doute été guidées principalement par des causes économiques, environnementales et sociales, et non par des impératifs coloniaux.

2. Hypothèse : le visage général d'un monde sans colonisation

Dans un monde sans colonisation, l'évolution des sociétés et de leurs rapports internationaux aurait été profondément différente. Les trajectoires de développement des civilisations auraient suivi des chemins distincts, chacun influencé par des facteurs internes, plutôt que par l'exploitation des ressources et des populations colonisées.

Sans la domination impérialiste, les sociétés africaines, asiatiques et océaniques auraient eu la possibilité de se développer de manière autonome, en fonction de leurs propres priorités et besoins. L'histoire de l'Afrique, par exemple, aurait pu prendre une toute autre direction, sans les invasions et les découpages de territoires opérés par les puissances européennes.

L'absence de colonisation aurait également eu un impact majeur sur les diversités culturelles des peuples.

Les colons ont fréquemment imposé leurs langues, religions et valeurs, marginalisant ainsi les cultures locales. Sans la colonisation, les sociétés contemporaines auraient sans doute été plus diversifiées culturellement, avec un partage plus égalitaire des richesses culturelles mondiales. Les échanges économiques et culturels, loin d'être unilatéraux, auraient donné naissance à des partenariats régionaux beaucoup plus équilibrés.

En matière d'autonomie, les peuples des anciennes colonies n'auraient pas été soumis à des dynamiques économiques et politiques dépendantes des volontés impérialistes. Cela aurait permis une plus grande stabilité politique et une meilleure gestion des ressources naturelles. Les pays d'Afrique, d'Asie et des Caraïbes auraient pu se forger des systèmes politiques et économiques plus résilients et indépendants, sans la contrainte des puissances coloniales cherchant à les exploiter ou à les maintenir sous contrôle. Cette autonomie pourrait avoir facilité l'émergence de partenariats régionaux solides, permettant une plus grande stabilité géopolitique et un développement plus égalitaire.

3. **Conséquences de l'absence de colonisation sur les migrations en particulier**

Si l'on considère les migrations à l'échelle mondiale dans un monde sans colonisation, il est évident que les flux migratoires auraient pris une forme différente. D'abord, sans les anciennes puissances coloniales exerçant un rôle dominant sur les mouvements de populations, il est probable que les migrations auraient été plus diversifiées, plus locales, et plus équilibrées. Au lieu de converger principalement vers les métropoles coloniales comme la France, le Royaume-Uni ou les États-Unis, les migrations se seraient orientées davantage vers des régions géographiques plus proches, comme les pays voisins ou les autres zones géographiques présentant des opportunités économiques.

De plus, sans les politiques coloniales et impérialistes qui ont souvent forcé des populations à fuir leurs terres d'origine, les migrations économiques auraient été guidées par des facteurs naturels, sociaux et économiques bien différents.

Les populations auraient migré pour des raisons liées à la recherche d'opportunités économiques, à des désastres environnementaux ou à des pressions démographiques, plutôt que par l'imposition d'une hiérarchie coloniale.

Les réseaux migratoires auraient donc été moins concentrés, plus diffus et moins inégaux, et les sociétés d'accueil auraient dû gérer des flux plus équilibrés, sans les tensions liées à des héritages de colonisation.

Il est aussi possible que, dans ce contexte, des flux migratoires intra-africains ou intra-asiatiques aient été plus fréquents, les populations des continents non colonisés cherchant à s'installer dans des régions voisines offrant de meilleures opportunités économiques.

Avant la colonisation, de nombreux peuples vivaient dans des sociétés relativement homogènes ou dans des configurations tribales et étatiques qui n'incluaient pas nécessairement des ennemis ou des groupes radicalement différents au sein de la même entité. La colonisation a souvent éclaté ces structures en divisant des peuples culturellement, linguistiquement ou religieusement proches, ou en les regroupant avec des groupes rivaux. En l'absence de colonisation, les populations auraient été libres de maintenir leurs propres systèmes de gouvernance et leurs frontières naturelles, ce qui aurait permis d'éviter les tensions internes dues aux frontières imposées.

Les frontières tracées par les colonisateurs en Afrique, en Asie et en Amérique ont souvent ignoré les réalités ethniques et culturelles locales. Des peuples qui ne se comprenaient pas ou étaient historiquement ennemis ont été forcés de vivre sous le même gouvernement, ce qui a souvent engendré des conflits après l'indépendance. Par exemple, au Moyen-Orient, les frontières tracées par les Européens ont mis ensemble des peuples arabes, kurdes, sunnites, chiites, etc., dans des États créés sans tenir compte des divisions internes. Sans cette imposition, ces groupes auraient pu maintenir leurs propres frontières et éviter les conflits internes ou interétatiques.

La colonisation a exploité les ressources naturelles des pays, souvent au détriment des peuples autochtones. Cette exploitation et l'accaparement des richesses ont exacerbé les inégalités et créé des tensions économiques. En l'absence de colonisation, les peuples auraient pu mieux gérer leurs ressources locales, réduisant ainsi les conflits pour le contrôle des terres, des minerais, et des richesses naturelles.

Sans les frontières coloniales, les peuples auraient eu davantage de latitude pour s'unir selon des bases géographiques, culturelles ou ethniques naturelles. Par exemple, des groupes culturellement proches ou historiquement alliés auraient pu former des États ou des communautés régionales, réduisant les risques de conflits.

Les guerres civiles ou inter-étatiques post-coloniales, telles que celles de l'Afrique subsaharienne ou centrale ou du Moyen-Orient, auraient pu être évitées si ces régions avaient été formées autour de liens historiques et sociaux existants.

Les mouvements massifs de populations après la décolonisation, souvent en raison de la pauvreté, de la violence, ou des politiques discriminatoires dans les nouveaux États, n'auraient pas eu lieu si les peuples avaient été laissés libres de vivre dans des structures qui respectaient leurs réalités culturelles et sociales. L'Inde et le Pakistan, par exemple, ont connu des migrations massives et violentes à la suite de la partition imposée par les Britanniques en 1947. Sans cette séparation, de nombreuses populations auraient peut-être évité de quitter leur région d'origine en raison des conflits créés par les divisions coloniales.

Les frontières imposées par les puissances coloniales ont souvent restreint les mouvements naturels des populations à l'intérieur de leurs propres régions. Dans de nombreux cas, les déplacements entre différentes régions étaient limités par des barrières géographiques créées par la colonisation. Par exemple, en Afrique, des peuples vivant sur des territoires voisins ont été divisés par des frontières coloniales, créant des obstacles pour les migrations internes et provoquant des tensions. En l'absence de ces frontières, les mouvements de population auraient été plus fluides et naturels, limitant ainsi les migrations forcées vers des pays tiers à la recherche de meilleures conditions de vie.

La colonisation a créé un lien économique et politique entre les colonies et leurs puissances coloniales, entraînant une migration importante vers les pays colonisateurs, notamment l'Europe et l'Amérique. Si ces liens n'avaient pas existé, les populations colonisées auraient peut-être été moins enclines à migrer vers ces métropoles, car les opportunités d'emploi et d'éducation auraient été plus accessibles dans leurs propres régions. Par exemple, des pays comme l'Inde, le Maroc, ou les pays d'Afrique subsaharienne ont connu une émigration importante vers la France, le Royaume-Uni, ou d'autres anciennes puissances coloniales. Sans cette dynamique coloniale, la pression migratoire vers ces pays aurait été réduite.

Sans la colonisation, les pays auraient eu la possibilité de développer leurs propres économies de manière plus autonome, sans l'exploitation des ressources et la destruction de structures économiques locales.

Cela aurait contribué à un meilleur développement régional et à moins de migrations économiques vers d'autres pays à la recherche de meilleures opportunités. Les populations auraient été moins incitées à fuir la pauvreté ou la guerre en raison de la déstabilisation causée par des décisions étrangères prises durant la période coloniale.

Si la colonisation n'avait pas eu lieu, le monde aurait probablement connu moins de conflits violents, notamment en raison de l'absence de frontières arbitraires imposées par les puissances coloniales.

De plus, la gestion plus autonome des territoires, des ressources et des populations aurait permis de réduire les migrations forcées ou économiques. Les peuples auraient pu évoluer et se développer dans un environnement plus stable et naturel, réduisant les raisons qui poussent aujourd'hui des millions de personnes à quitter leur pays d'origine.

Dans un tel monde, les migrations auraient aussi été moins structurées autour de relations de domination, et les migrations humaines se seraient organisées en fonction de critères économiques, géographiques et culturels, plutôt que sous l'influence des anciens rapports coloniaux. Cela aurait permis une dynamique migratoire plus fluide, avec des communautés moins contraintes par des frontières artificielles et plus portées par des échanges réciproques. La situation économique aurait été moins favorable.

<u>Conclusion</u>

L'absence de colonisation aurait indéniablement transformé le visage des migrations humaines, en effaçant certaines des contraintes et des influences historiques qui ont façonné les dynamiques migratoires modernes. L'histoire des migrations, tout en restant marquée par des phénomènes naturels de déplacement, aurait suivi des trajectoires moins influencées par des impératifs coloniaux, laissant place à un monde plus équilibré et plus équitable dans les échanges culturels, économiques et politiques. Dans cette hypothèse, les sociétés auraient évolué de manière autonome et plus égalitaire, et les migrations auraient été le reflet de ces dynamiques d'échanges réciproques, plutôt que de l'exploitation des anciennes colonies. Seulement le passé ne peut être réécrit et le monde ne peut être réorganisé avec des si…

Sources

1. **Castles, Stephen**. *The Age of Migration: International Population Movements in the Modern World.* 2019.
2. **Sassen, Saskia**. *The Global City: New York, London, Tokyo.* 1991.
3. **Bauman, Zygmunt**. *Globalization: The Human Consequences.* 1998.
4. **Hollifield, James F.**. *The Politics of Immigration: Introduction to the Comparative Politics of Immigration.* 2014.
5. **Chakrabarty, Dipesh**. *Provincializing Europe: Postcolonial Thought and Historical Difference.* 2000.

Chapitre 7

Perspectives et réformes pour un équilibre migratoire et post-colonial

Les migrations internationales, marquées par des flux massifs de personnes cherchant à échapper à des conditions de vie difficiles ou cherchant à s'expatrier, continuent de croître à une échelle mondiale. Pourtant, la gestion de ces mouvements, à la fois sur le plan humain et sur le plan institutionnel, reste un défi majeur pour les gouvernements et les organisations internationales. Le monde d'aujourd'hui, bien que globalisé, est encore profondément marqué par les structures de pouvoir héritées de l'histoire coloniale. Les relations entre les pays dits "développés" et les pays "en développement" sont souvent marquées par une inégalité structurelle qui influence les dynamiques migratoires.

L'évolution des migrations, les inégalités mondiales, et les conséquences du colonialisme appellent à une réforme en profondeur des mécanismes de gestion migratoire et des relations internationales. Ce chapitre aborde ces questions sous trois angles : les réformes institutionnelles nécessaires à une gouvernance mondiale équitable des migrations, le rôle des pays du Nord et du Sud dans cette régulation, et une vision d'un monde post-colonial basé sur l'interdépendance et la coopération. Il propose des pistes pour aller au-delà des logiques de domination, en mettant l'accent sur une gouvernance mondiale fondée sur la justice sociale et l'équité.

1. Réformes institutionnelles et gouvernance mondiale

Le premier défi dans la gestion des migrations est de renforcer les institutions internationales qui ont un rôle crucial à jouer dans la régulation et la gestion de ces flux.

Actuellement, les structures institutionnelles existantes, telles que l'Organisation Internationale pour les Migrations (OIM), le Haut-Commissariat des Nations Unies pour les Réfugiés (HCR) et l'Organisation des Nations Unies (ONU), sont souvent confrontées à des limites structurelles, financières et politiques qui entravent leur capacité à répondre aux défis migratoires mondiaux.

L'Organisation des Nations Unies, qui est censée agir comme un acteur central de la gouvernance mondiale, se heurte fréquemment à des divergences d'intérêts entre les pays membres. Ces institutions sont perçues comme insuffisamment puissantes pour mettre en œuvre des politiques globales efficaces qui prennent en compte les besoins des migrants tout en équilibrant les intérêts des pays d'accueil et des pays d'origine.

Il est nécessaire de réformer ces institutions en vue d'un renforcement de leur légitimité et de leur capacité d'action.

Les gouvernements doivent coopérer davantage pour créer des mécanismes multilatéraux transparents et efficaces qui permettent de traiter les questions migratoires sous un angle globale et inclusif. Il est indispensable que les pays du monde entier parviennent à une vision commune de la gestion des migrations, une vision qui transcende les intérêts nationaux pour se concentrer sur l'intérêt humain collectif. Une telle gouvernance mondiale implique également de repenser la solidarité internationale, notamment en créant des mécanismes de financement équitables pour soutenir les pays d'accueil, les pays d'origine et les migrants eux-mêmes.

Cela passe également par la création d'un cadre juridique international plus cohérent. L'un des principaux obstacles à une gestion juste et équilibrée des migrations est le manque de normes universelles contraignantes. Bien que des conventions existent, elles sont souvent mal appliquées, notamment en ce qui concerne les droits des migrants, les réfugiés, et les travailleurs migrants. Un renforcement de ces cadres juridiques, ainsi qu'une augmentation de leur portée et de leur application, serait un premier pas crucial vers une gouvernance mondiale plus équilibrée et plus juste.

2. **Rôle des pays du Nord et du Sud dans une gouvernance équilibrée**

Dans une gestion migratoire mondiale équitable, il est crucial de comprendre le rôle des pays du Nord (les pays développés) et des pays du Sud (les pays en développement) dans l'établissement de régulations migratoires justes.

La situation actuelle est marquée par une relation asymétrique entre les pays du Nord et du Sud, héritée des relations coloniales et des rapports de force économiques mondiaux. Les pays du Nord, bien que souvent perçus comme des destinations privilégiées pour les migrants, doivent réétudier les origines des déséquilibres qui alimentent ces migrations au risque de ne jamais trouver de solution.

En effet, de nombreuses dynamiques migratoires sont alimentées par les politiques économiques et commerciales des pays développés, telles que les politiques de libre-échange, qui favorisent l'exportation de biens et de services au détriment des économies locales des pays du Sud.

Cela entraîne souvent des crises économiques, politiques et sociales dans les pays d'origine des migrants, les poussant à quitter leur terre natale à la recherche de meilleures conditions de vie.

Dans ce contexte, une gouvernance équilibrée doit s'articuler autour de l'équité dans la gestion des flux migratoires. Les pays du Nord doivent œuvrer pour réguler les causes profondes des migrations en soutenant des politiques de développement durable et en encourageant les investissements dans les pays du Sud dont les ressources ont été transféré vers le nord au moment des colonisations. En d'autres termes, il s'agit d'agir sur les racines des migrations, comme les inégalités économiques, la guerre, et les crises environnementales, et non seulement de s'attaquer aux symptômes de ces crises. En révisant également certains contrats cadres et de coopération inéquitables.

Les pays du Sud, quant à eux, doivent pouvoir bénéficier de politiques de soutien pour la gestion de leurs propres défis migratoires, lutter contre la corruption, redistribuer convenablement les richesses et assurer des conditions de vie dignes pour leurs populations. Cela implique également un courage politique, des réformes dans la gouvernance de ces pays, afin de favoriser une stabilité politique et économique qui limite les causes de migration forcée. La coopération entre les pays du Nord et du Sud doit reposer sur un principe de mutualité des bénéfices, dans lequel chaque acteur assume sa part sans faux fuyant.

3. Vision d'un monde post-colonial et interdépendant

La vision d'un monde post-colonial et interdépendant dépasse les simples considérations économiques et géopolitiques pour envisager un cadre de coopération mondiale fondé sur l'égalité. La colonisation a historiquement créé un système mondial inégal, dans lequel certains pays se sont enrichis aux dépens d'autres et dont les conséquences sont à l'origine de certaines migrations.

Aujourd'hui, cette inégalité est encore manifeste, non seulement dans les relations entre les anciennes métropoles et leurs ex-colonies, mais aussi dans les flux migratoires mondiaux. Dans cette perspective, un monde post-colonial idéal serait un monde dans lequel les relations internationales ne sont plus guidées par une logique de domination, mais par celle de l'interdépendance et du respect mutuel.

Dans ce monde, les pays du Sud ne seraient plus simplement les récepteurs de l'aide humanitaire et des flux migratoires, mais des acteurs de développement à part entière, capables de négocier sur un pied d'égalité avec les pays du Nord. Les anciennes puissances coloniales, quant à elles, devraient reconnaître leur rôle historique dans la formation des inégalités économiques et sociales mondiales et jouer un rôle proactif dans la réduction de ces inégalités.

Pour parvenir à cette vision, les relations internationales doivent être réorientées vers une coopération équitable. Les pays doivent se réunir dans un cadre multilatéral pour redéfinir les règles du commerce international, de la gouvernance économique, et des migrations, en accordant une place prépondérante à la justice sociale. Dans ce monde post-colonial, les migrations ne seraient plus perçues comme une menace ou une crise, mais comme une réponse aux injustices historiques et contemporaines. Le défi consiste donc à transformer ces dynamiques migratoires en opportunités de croissance, d'échanges culturels et de solidarité mondiale.

<u>Conclusion</u>

En conclusion, la gestion des migrations dans un contexte mondial post-colonial et interdépendant nécessite des réformes institutionnelles profondes et une coopération renforcée entre les pays du Nord et du Sud. Il est essentiel que les pays développés recouvrent une mémoire historique. Dans le même temps, une révision des structures de gouvernance mondiale est nécessaire pour garantir une gestion équitable des migrations. En envisageant un avenir basé sur la proactivité et la coopération, il devient possible de transformer les défis migratoires actuels en leviers de développement et de justice. Cela passera par un travail concerté, fondé sur la reconnaissance des injustices passées et la volonté commune de construire un monde plus équitable pour tous. Mais nous en sommes loin.

Sources

1. **Castles, Stephen**. *The Age of Migration: International Population Movements in the Modern World.* 2019.
2. **Sassen, Saskia**. *Territory, Authority, Rights: From Medieval to Global Assemblages.* 2006.
3. **Chauvin, Sébastien**. *L'Europe, un champ de bataille pour les migrants: L'immigration au prisme des politiques publiques.* 2018.
4. **Lemaitre, Alexandre**. *L'Aide au développement: Enjeux, défis et perspectives.* 2015.
5. **Poirier, Philippe**. *La gouvernance mondiale de l'immigration

<u>Conclusion générale</u>

La colonisation, phénomène complexe aux répercussions multiples et durables, continue de façonner les sociétés contemporaines, tant dans les pays anciennement colonisateurs que dans les anciennes colonies. Si les formes de domination coloniale ont disparu, les structures d'inégalités qu'elles ont engendrées restent profondément enracinées dans les dynamiques migratoires actuelles. Les effets historiques de la colonisation sur les cultures, les économies et les systèmes politiques des pays colonisés sont encore visibles dans les défis contemporains rencontrés par les anciennes puissances coloniales et les ex-colonies elles-mêmes. Ces héritages, bien qu'ayant évolué au fil du temps, continuent d'influencer les flux migratoires mondiaux et, par conséquent, les politiques migratoires internationales. L'immigration, loin d'être simplement une question de mobilité humaine, est intrinsèquement liée à des rapports de pouvoir, des déséquilibres économiques et des injustices sociales qui remontent à l'époque coloniale.

Les flux migratoires d'aujourd'hui, particulièrement ceux en provenance des anciennes colonies vers les anciennes métropoles, sont largement une conséquence directe de ces relations déséquilibrées et de l'influence continue des anciennes puissances coloniales. Les migrants, souvent poussés par des conditions économiques et politiques dégradées, trouvent dans les pays développés un espoir d'une vie meilleure, mais se heurtent fréquemment à des systèmes d'accueil qui ne reconnaissent pas les responsabilités historiques des nations colonisatrices. Dans ce contexte, les migrations ne peuvent être dissociées de l'histoire coloniale ; elles sont, d'une manière ou d'une autre, le "boomerang" de siècles d'exploitation et d'injustice, un prix à payer. Les défis actuels liés à l'immigration, qu'il s'agisse des questions économiques, sociales ou politiques, ne peuvent être véritablement compris sans une analyse de cette histoire.

Aujourd'hui, les enjeux migratoires contemporains sont devenus des problèmes mondiaux d'une envergure rarement égalée. Les migrations, amplifiées par la mondialisation, touchent toutes les régions du monde, qu'il s'agisse des pays d'origine, des pays de transit ou des pays d'accueil. Les effets de ces flux sont multiples : économiques, avec l'apport des migrants aux économies des pays d'accueil, mais aussi sociaux et politiques, avec des tensions croissantes au sein des sociétés confrontées à des vagues migratoires et à la montée de l'extrémisme nationaliste.

Le rejet croissant des migrants, alimenté par des discours populistes et par la peur de l'autre, révèle l'urgence d'une réhumanisation du débat migratoire. Les pays d'accueil, en particulier ceux d'Europe et d'Amérique du Nord, doivent repenser leurs politiques, qui ne peuvent plus se contenter de gérer les flux, mais doivent les aborder avec une vision plus équitable et respectueuse des droits humains. Ce rejet, souvent nourri par une peur irrationnelle et une méconnaissance des réalités migratoires, est le reflet d'une incapacité à reconnaître les racines profondes des migrations : des injustices héritées de la colonisation et l'impérialisme, des inégalités globales et des politiques internationales souvent néfastes pour les pays du Sud.

À ce titre, l'avenir des migrations dépendra largement de notre capacité à réformer la gouvernance internationale des flux migratoires. Des réformes institutionnelles sont nécessaires pour garantir une gestion équitable et humaine des migrations, notamment par la mise en place de mécanismes multilatéraux efficaces. L'idée d'une gouvernance mondiale plus solidaire et plus juste, dans laquelle les pays du Sud seraient également considérés comme des acteurs à part entière, est essentielle. Les pays du Nord, forts de leurs ressources historiquement issues en bonne partie des ex-colonies et de leur influence actuelle, doivent prendre des mesures concrètes pour rééquilibrer l'ensemble créant ainsi une opportunité de coopération et d'enrichissement mutuel, ce qui semble cependant friser l'utopie.

Dans cette dynamique, il est crucial de remettre en question les anciennes structures de domination et de bâtir un monde où les relations internationales sont fondées sur l'interdépendance, et non sur la domination. L'avenir des migrations ne peut plus être pensé en termes de "flux à gérer", mais en termes de solidarité globale, où les pays du Sud et du Nord se reconnaissent mutuellement comme partenaires égaux, partageant les responsabilités et les bénéfices d'un monde globalisé. Ce défi ne concerne pas seulement les politiques migratoires, mais aussi les politiques économiques, sociales et environnementales globales.

Les êtres humains peuvent -t-ils vivre isolés les uns des autres ? Étant des êtres sociaux par nature, nous dépendons les uns des autres pour notre survie et notre développement. L'isolement total semble difficilement concevable, car les interactions humaines sont essentielles à notre bien-être, que ce soit sur le plan affectif, économique ou culturel. Dès lors, peut-on réellement envisager un monde où l'interdépendance disparaît au profit de l'isolement complet et de la peur de l'autre qui nous côtoie en partie à cause de nos actions passées ?

Peut-on s'affranchir de la mémoire du passé qui colle à la peau ?

Difficilement…comme un boomerang qui revient…

<u>Glossaire</u>

Accords de coopération
Les accords de coopération désignent les ententes économiques, militaires et culturelles établies après la décolonisation entre anciennes puissances coloniales et leurs ex-colonies, visant à maintenir des relations privilégiées souvent au bénéfice de la métropole.

Boomerang des colonisations
Ce concept fait référence aux conséquences non anticipées de la colonisation, où les flux migratoires contemporains des anciennes colonies vers les ex-puissances coloniales illustrent un retour des effets des politiques coloniales.

Colonisation
La colonisation est le processus par lequel un État exerce une domination politique, économique et culturelle sur un territoire étranger, y imposant ses institutions, sa langue et ses valeurs.

Colonisation de peuplement
Il s'agit d'une forme de colonisation où des citoyens de la métropole s'installent massivement dans un territoire, créant une population durable et souvent supplantant les populations locales.

Colonisation d'exploitation
La colonisation d'exploitation désigne une forme de domination où l'objectif principal est l'exploitation économique des ressources naturelles d'un territoire pour alimenter les besoins de la métropole.

Décolonisation
Processus politique par lequel un territoire colonisé accède à son indépendance, la décolonisation marque la fin officielle de la domination coloniale, bien que des influences subsistent souvent.

Effets économiques de l'immigration
Les populations immigrées contribuent souvent aux économies des pays d'accueil par leur participation au marché du travail et leurs cotisations fiscales, malgré des défis d'intégration.

Enjeux post-coloniaux
Les enjeux post-coloniaux incluent les défis sociaux, économiques et culturels auxquels font face les anciennes colonies en raison de l'héritage colonial, comme la dépendance économique et les inégalités.

Héritage colonial
L'héritage colonial désigne l'ensemble des structures politiques, économiques et culturelles laissées par les colonisateurs et qui influencent encore aujourd'hui les pays décolonisés.

Impérialisme économique
L'impérialisme économique est la domination exercée par une nation sur une autre par le biais de l'influence économique, sans nécessairement occuper militairement le territoire.

Influence culturelle
L'influence culturelle est la persistance des valeurs, normes et pratiques de la métropole dans les ex-colonies, observable à travers la langue, la littérature, les traditions et l'éducation.

Interdépendance
L'interdépendance fait référence aux relations d'échanges économiques, politiques et culturels équilibrés entre nations, qui deviennent de plus en plus interdépendantes dans un monde globalisé.

Migration
La migration désigne le déplacement d'individus ou de populations d'un pays à un autre pour des raisons économiques, politiques, climatiques ou familiales, influencée historiquement par les relations coloniales.

Mobilité humaine
La mobilité humaine inclut tous les types de déplacements géographiques des populations, tant au sein des nations qu'entre elles, à des fins économiques, sociales ou politiques.

Mondialisation
La mondialisation désigne l'interconnexion croissante des économies, des cultures et des populations à travers le monde, facilitée par le commerce, la technologie et les migrations.

Multinationales
Les multinationales sont des entreprises opérant dans plusieurs pays et exerçant une influence significative dans les économies locales, souvent dans les secteurs de l'extraction de ressources.

Pactes post-coloniaux
Les pactes post-coloniaux sont des accords signés entre anciennes colonies et métropoles pour maintenir des relations stratégiques, influençant encore les politiques de développement.

Politique d'intégration
La politique d'intégration inclut les mesures mises en place par les pays pour faciliter l'accueil et l'insertion des immigrés dans la société, visant à promouvoir la cohésion sociale.

Prêts et subventions
Les prêts et subventions sont des aides financières accordées par les pays riches aux pays en développement, souvent assorties de conditions qui influencent les politiques économiques et sociales.

Réhumanisation du débat migratoire
La réhumanisation du débat migratoire appelle à recentrer les discussions sur l'individu et à reconnaître les droits humains et les réalités personnelles des migrants.

Relations post-coloniales
Les relations post-coloniales sont les liens politiques, économiques et culturels entre anciennes colonies et métropoles, caractérisés par des dépendances et des influences réciproques.

Ressources naturelles
Les ressources naturelles sont les matières premières d'un pays (comme les minerais, le pétrole, les forêts), qui peuvent être exploitées pour le développement économique mais souvent accaparées par des intérêts étrangers.

Routes commerciales
Les routes commerciales sont les itinéraires empruntés historiquement pour échanger des biens entre les régions, jouant un rôle clé dans le développement des civilisations et dans les migrations.

Souveraineté économique
La souveraineté économique est la capacité d'un pays à contrôler et gérer ses ressources naturelles et ses politiques économiques indépendamment de l'influence extérieure.

Structures économiques coloniales
Les structures économiques coloniales désignent l'organisation des économies des colonies par les métropoles pour servir leurs intérêts, un héritage qui persiste après la décolonisation.

Travailleurs migrants
Les travailleurs migrants sont des personnes qui se déplacent d'un pays à un autre pour occuper un emploi, contribuant ainsi aux économies des pays d'accueil mais rencontrant parfois des obstacles d'intégration.

Transferts financiers
Les transferts financiers désignent les envois d'argent des travailleurs migrants vers leurs pays d'origine, qui représentent souvent une part importante du PIB de certains pays en développement.

Vision post-coloniale
La vision post-coloniale est une perspective critique qui analyse les impacts et influences de la colonisation sur les relations contemporaines, prônant une décolonisation des esprits et des pratiques.

Zones d'influence
Les zones d'influence sont des régions où une puissance exerce une domination culturelle, économique ou politique, sans intervention militaire directe, souvent dans un contexte post-colonial.

Films liés au thème du livre

1. *La Bataille d'Alger* **(1966) – Gillo Pontecorvo**
Ce film dramatique retrace la lutte pour l'indépendance de l'Algérie contre la colonisation française, en se concentrant sur les tensions et la violence entre les Algériens et les forces françaises dans les années 1950.

2. *Queimada* **(1969) – Gillo Pontecorvo**
Se déroulant dans une île fictive des Caraïbes, ce film explore les manipulations coloniales d'un agent britannique pour contrôler les révoltes locales, une critique de l'impérialisme économique et de l'exploitation post-coloniale.

3. *Le Dernier Roi d'Écosse* **(2006) – Kevin Macdonald**
Ce drame biographique s'inspire de la vie d'Idi Amin Dada, dictateur ougandais, et aborde les retombées politiques et les déséquilibres de pouvoir créés par la colonisation britannique en Afrique.

4. *The Constant Gardener* **(2005) – Fernando Meirelles**
Adapté du roman de John le Carré, le film traite de l'exploitation des populations africaines par des multinationales pharmaceutiques, dénonçant l'avidité des puissances étrangères dans les pays post-coloniaux.

5. *Amistad* **(1997) – Steven Spielberg**
Ce drame historique revient sur la révolte d'esclaves africains à bord du navire espagnol La Amistad, révélant les atrocités de l'esclavage et les impacts à long terme des systèmes coloniaux sur les sociétés.

6. *12 Years a Slave* **(2013) – Steve McQueen**
Inspiré d'une histoire vraie, ce film primé relate le calvaire de Solomon Northup, un homme noir libre kidnappé et réduit en esclavage, rappelant les horreurs de l'exploitation humaine et ses conséquences pour les générations futures.

7. *Le Havre* **(2011) – Aki Kaurismäki**
Ce film raconte l'histoire d'un réfugié africain dans la ville portuaire du Havre et aborde les réalités humaines de la migration, ainsi que les défis de solidarité et d'accueil dans les sociétés européennes.

8. *Incendies* **(2010) – Denis Villeneuve**
Cette adaptation de la pièce de Wajdi Mouawad met en scène la quête identitaire de deux jumeaux canadiens au Moyen-Orient, explorant l'impact des conflits post-coloniaux sur la migration et la transmission culturelle.

9. *Dirty Pretty Things* **(2002) – Stephen Frears**
Centré sur les vies de travailleurs immigrés à Londres, ce thriller social révèle l'exploitation des migrants dans les économies modernes et la précarité de ceux qui vivent en marge.

10. *Bab'Aziz* **(2005) – Nacer Khemir**
Ce film poétique tunisien explore les questions de l'identité et de la transmission culturelle dans un contexte post-colonial, en suivant un voyage initiatique à travers le désert.

11. *Les Misérables* **(2019) – Ladj Ly**
Inspiré des émeutes de 2005 en France, ce film se penche sur les tensions sociales et raciales dans les banlieues, questionnant les effets de la marginalisation des populations issues de l'immigration post-coloniale.

12. *The Visitor* **(2007) – Tom McCarthy**
L'histoire d'une rencontre entre un professeur américain et un immigrant syrien à New York explore la déshumanisation des migrants et l'isolement des individus dans un contexte de méfiance post-11 septembre.

13. *District 9* **(2009) – Neill Blomkamp**
Ce film de science-fiction sud-africain utilise une métaphore extraterrestre pour aborder l'apartheid et l'exclusion des populations migrantes ou marginalisées dans un cadre post-colonial.

14. *Lion* **(2016) – Garth Davis**
Adapté de l'histoire vraie de Saroo Brierley, un enfant adopté en Australie, le film explore les thèmes de l'identité, de la perte et des liens familiaux dans le contexte des flux migratoires.

15. *The Good Lie* **(2014) – Philippe Falardeau**
Ce film suit des réfugiés soudanais relocalisés aux États-Unis et examine les chocs culturels et les défis d'intégration que rencontrent les migrants déplacés dans un monde post-colonial.

16. *Exils* **(2004) – Tony Gatlif**
Ce road-movie suit un couple de jeunes Français d'origine algérienne qui part à la recherche de leurs racines, illustrant les dilemmes identitaires et les conséquences de la colonisation sur plusieurs générations.

17. *American History X* **(1998) – Tony Kaye**
Ce drame explore les effets du racisme et de la xénophobie dans la société américaine, des questions particulièrement pertinentes pour la compréhension des dynamiques post-coloniales et des migrations.

18. *Welcome* **(2009) – Philippe Lioret**
Racontant la traversée d'un jeune migrant kurde pour rejoindre l'Angleterre, ce film met en
lumière les épreuves vécues par les migrants et le durcissement des politiques d'immigration
européennes.

19. *Gran Torino* **(2008) – Clint Eastwood**
Le film suit l'évolution d'un vétéran de guerre américain qui, au contact de ses voisins
asiatiques, remet en question ses préjugés, offrant une réflexion sur les divisions culturelles et
les tensions post-coloniales.

20. *Samba* **(2014) – Olivier Nakache & Éric Toledano**
Ce drame social français explore la vie d'un sans-papiers sénégalais, dévoilant les défis
d'intégration, les discriminations et les espoirs des migrants en Europe.

21. *Les Témoins* **(2007) – André Téchiné**
Ce film français suit la trajectoire d'un immigré en France dans les années 80, abordant les
stigmates sociaux et les différences culturelles dans un pays post-colonial.

22. *Diaspora* **(2019) – Atsushi Funahashi**
Ce documentaire japonais explore les défis des migrants asiatiques au Japon, illustrant des
dynamiques de discrimination et d'adaptation dans un contexte non-colonial.

23. *El Norte* **(1983) – Gregory Nava**
Ce film suit la fuite de deux jeunes Guatémaltèques vers les États-Unis, soulignant les
difficultés des migrants latino-américains face à des systèmes d'accueil souvent hostiles.

24. *Sin Nombre* **(2009) – Cary Joji Fukunaga**
Ce film d'action dramatique montre la migration de jeunes fuyant la violence des gangs au
Honduras pour atteindre les États-Unis, offrant une perspective sur la migration due à la
misère et aux conflits internes.

25. *Le Fils de l'autre* **(2012) – Lorraine Lévy**
Ce film raconte l'histoire de deux jeunes hommes, israélien et palestinien, qui découvrent
avoir été échangés à la naissance, illustrant les divisions culturelles et les conflits identitaires
dans un contexte post-colonial.

Documentaires liés au thème du livre

Coup de cœur : Le Cauchemar de Darwin (2004) – Hubert Sauper

Ce documentaire explore l'exploitation du poisson du lac Victoria en Tanzanie. Tandis que des multinationales en profitent, les populations locales s'enfoncent dans la pauvreté, mettant en lumière les effets destructeurs du commerce mondial sur les ressources et les communautés locales.

1. *Les Statues meurent aussi* (1953) – Chris Marker et Alain Resnais
Ce documentaire interroge l'appropriation de l'art africain par l'Europe et explore la déshumanisation des cultures colonisées à travers leur patrimoine artistique.

2. *The Act of Killing* (2012) – Joshua Oppenheimer
Dans ce film, des anciens membres de milices indonésiennes rejouent leurs massacres anticommunistes, offrant une réflexion sur la violence héritée de la colonisation et les dynamiques de pouvoir post-colonial.

3. *Empire* (2012) – Michael Hardt et Antonio Negri
Inspiré de l'essai éponyme, ce documentaire aborde la notion d'Empire moderne, une forme de néocolonialisme où le pouvoir est réparti entre multinationales et institutions internationales influençant les pays post-coloniaux.

4. *Concerning Violence* (2014) – Göran Olsson
Basé sur les écrits de Frantz Fanon, ce documentaire explore la violence coloniale à travers les luttes pour l'indépendance en Afrique, soulignant l'impact des guerres de décolonisation sur les sociétés contemporaines.

5. *Human Flow* (2017) – Ai Weiwei
Ce documentaire époustouflant aborde la crise des réfugiés mondiaux et les défis de la migration dans un monde post-colonial et globalisé, avec un accent sur l'impact humanitaire des conflits et des inégalités.

6. *When the Levees Broke: A Requiem in Four Acts* (2006) – Spike Lee
Bien qu'il traite principalement de l'ouragan Katrina, ce documentaire aborde également le racisme institutionnel aux États-Unis, un héritage de l'esclavage et de la ségrégation qui influence les dynamiques migratoires internes.

7. *Paris is Burning* (1990) – Jennie Livingston
Documentaire sur la communauté LGBTQ+ new-yorkaise dans les années 1980, il explore les intersections entre genre, race et migration dans un contexte post-colonial où les minorités cherchent à se réapproprier leur identité.

8. *Exodus: Our Journey to Europe* **(2016) – James Bluemel**
Cette série documentaire suit les trajectoires de migrants et réfugiés cherchant asile en
Europe, révélant les difficultés des routes migratoires modernes et la complexité des
politiques d'accueil européennes.

9. *The Square* **(2013) – Jehane Noujaim**
Le film explore les révolutions arabes et les luttes pour la démocratie en Égypte, un pays post-
colonial marqué par des décennies de dictatures soutenues par des puissances étrangères.

10. *The White Man's Burden* **(2003) – BBC**
Documentaire sur la colonisation britannique en Afrique, il expose la façon dont les
puissances européennes justifiaient la colonisation en prétendant civiliser des territoires
perçus comme « inférieurs ».

11. *We Come as Friends* **(2014) – Hubert Sauper**
Ce documentaire examine l'impact de la présence internationale au Soudan, révélant les
rivalités d'intérêt économique et politique dans un contexte post-colonial complexe.

12. *In the Shadow of the Sun* **(2012) – Harry Freeland**
Situé en Tanzanie, ce documentaire aborde les persécutions subies par les personnes albinos
et les superstitions liées, dans un pays marqué par des croyances anciennes et des structures
coloniales persistantes.

13. *13th* **(2016) – Ava DuVernay**
Ce documentaire analyse l'évolution de la criminalisation des Noirs américains, de
l'esclavage à la modernité, un sujet pertinent pour comprendre les effets durables de la
colonisation et du racisme institutionnel.

14. *Migrants: A Global Perspective* **(2019) – National Geographic**
Ce documentaire explore les migrations mondiales et les facteurs économiques, politiques et
climatiques poussant les populations à quitter leurs pays d'origine.

15. *Sans Soleil* **(1983) – Chris Marker**
Essai visuel sur la mémoire et les différences culturelles, ce film explore les relations entre les
cultures, les héritages coloniaux et les perceptions entre l'Occident et le reste du monde.

16. *The True Cost* **(2015) – Andrew Morgan**
Bien qu'axé sur l'industrie de la mode, ce documentaire aborde l'exploitation des travailleurs
dans les pays en développement, souvent issus de contextes post-coloniaux où les
multinationales jouent un rôle néocolonial.

17. *Aquarela* **(2018) – Viktor Kossakovsky**
En s'intéressant aux effets du changement climatique sur les régions les plus pauvres, ce
documentaire montre comment les enjeux écologiques impactent les migrations, notamment
dans les pays anciennement colonisés.

18. *Fire at Sea* **(2016) – Gianfranco Rosi**
Tourné sur l'île de Lampedusa, le documentaire montre les arrivées de migrants en Italie,
offrant un aperçu des réalités de l'immigration moderne et des réponses européennes à cette
crise humanitaire.

19. *The Reluctant Revolutionary* **(2012) – Sean McAllister**
Ce documentaire capture le début de la révolution yéménite en 2011 et explore les espoirs et
les défis d'un pays cherchant à se libérer des influences étrangères et des régimes corrompus.

20. *The End of Poverty?* **(2008) – Philippe Diaz**
Ce documentaire critique les systèmes économiques qui perpétuent la pauvreté dans les pays
anciennement colonisés, analysant le rôle des institutions mondiales et des dettes post-
coloniales.

21. *The Great Hack* **(2019) – Karim Amer et Jehane Noujaim**
Bien que centré sur les données personnelles, ce documentaire expose les influences
politiques des grandes entreprises et la manipulation des opinions, particulièrement dans les
pays en développement.

22. *Lost Boys of Sudan* **(2003) – Megan Mylan et Jon Shenk**
Suivant la vie de jeunes réfugiés sud-soudanais réinstallés aux États-Unis, ce documentaire
illustre les défis d'adaptation et d'identité des jeunes migrants déplacés par les guerres civiles.

23. *Fanon, hier, aujourd'hui* **(2017) – Hassane Mezine**
Ce film explore l'héritage de Frantz Fanon, figure emblématique de la lutte anticoloniale, et
ses réflexions sur la libération des sociétés opprimées par des structures post-coloniales.

24. *Tales of the Grim Sleeper* **(2014) – Nick Broomfield**
Ce documentaire explore la marginalisation des communautés afro-américaines à Los
Angeles, dans un contexte de négligence institutionnelle liée aux structures héritées de la
ségrégation raciale.

25. *L'Épopée des Gueules Noires* **(2015) – François Ruffin**
Ce documentaire français explore la vie des travailleurs immigrés des mines de charbon en
France, révélant les liens historiques de dépendance entre métropole et travailleurs issus des
anciennes colonies.

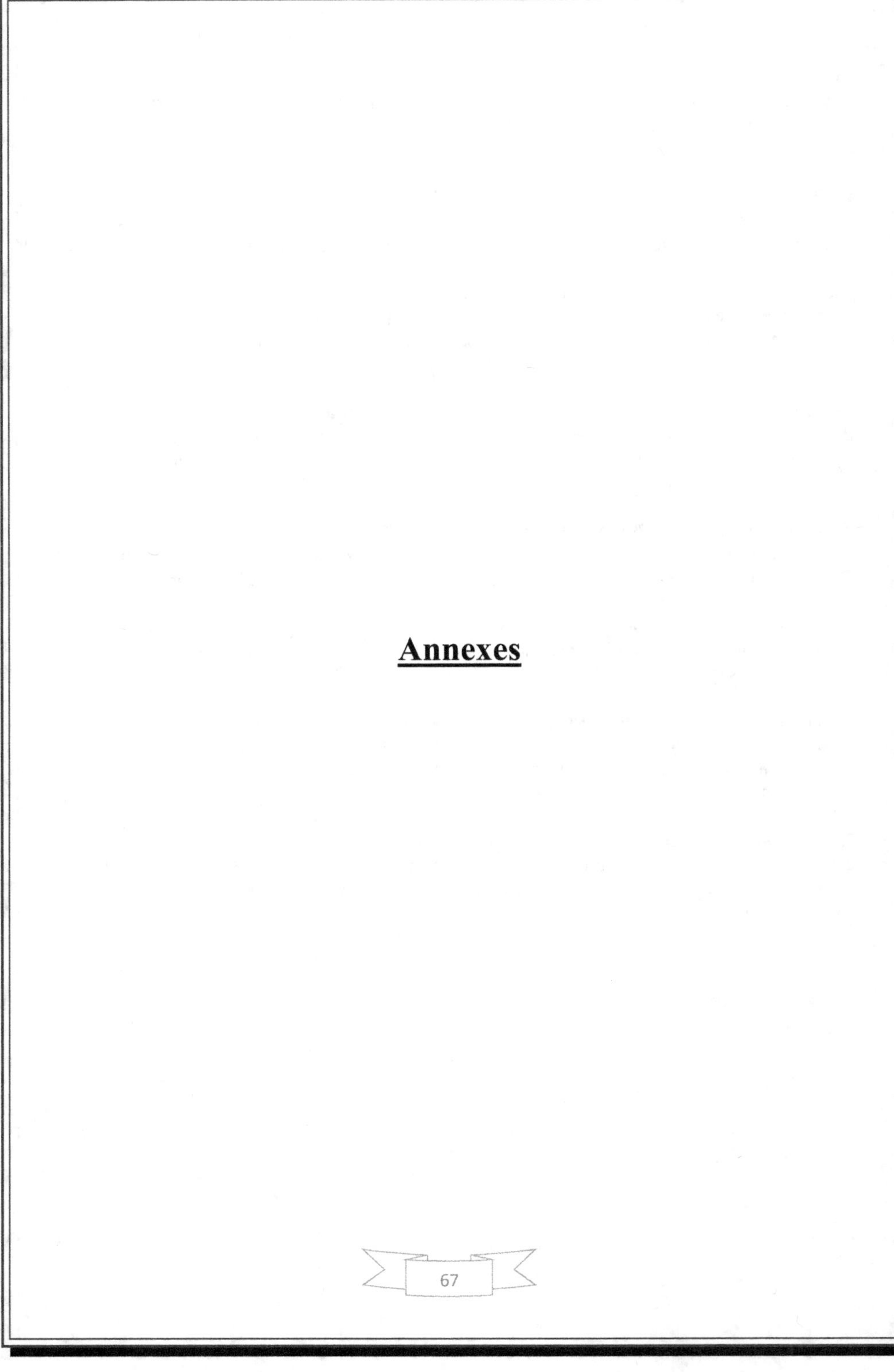

<u>Annexes</u>

LE MUR DE LA DISCORDE AUX USA

Introduction

Les migrations en provenance d'Amérique latine vers les États-Unis représentent bien plus qu'un simple déplacement géographique. Elles incarnent un processus complexe de recherche de meilleures conditions de vie, marqué par des décennies d'inégalités, de violences et de pauvreté. Cependant, la perception contemporaine de ces migrations semble parfois omettre un aspect fondamental : les terres d'Amérique, aujourd'hui considérées comme « américaines », n'ont pas toujours appartenu à ceux qui les occupent actuellement. En réalité, ces terres étaient déjà habitées par des peuples autochtones depuis des millénaires avant l'arrivée des colons. Dès lors, il est légitime de se demander si ce sont vraiment les migrants latinos qui sont les « étrangers » aux États-Unis, ou si l'histoire coloniale et les injustices qu'elle a engendrées devraient reconfigurer notre manière de comprendre les migrations et les appartenances territoriales.

1. Les terres d'Amérique et les peuples autochtones

Avant l'arrivée des colons, les terres aujourd'hui occupées par les États-Unis étaient habitées par des peuples autochtones qui avaient développé des cultures, des sociétés et des civilisations variées. Ces peuples, tels que les Sioux, les Apaches, les Cherokees ou les Iroquois, n'étaient pas des nomades sans territoire, mais des habitants enracinés dans une histoire millénaire, qui avaient des liens profonds avec la terre. L'arrivée des colons (leur immigration) au XVIe siècle a bouleversé cet équilibre, imposant de nouvelles frontières et des structures politiques étrangères aux réalités des peuples originels.

L'histoire de la colonisation a profondément redéfini les rapports de pouvoir et de propriété des terres. Les colons ont pris possession de ces territoires, souvent par la force, chassant ou exterminant les peuples autochtones, et ont redessiné les frontières en fonction de leurs intérêts économiques et impérialistes. Cette violence coloniale, qui a conduit à la destruction de cultures entières, fait aujourd'hui partie intégrante de l'histoire des États-Unis.

2. Les ex-colons : véritables « immigrés aux USA » ?

Lorsqu'on évoque l'immigration vers les États-Unis, il est courant de penser aux vagues récentes de migrants, notamment en provenance d'Amérique latine. Pourtant, cette vision oublie un aspect fondamental de l'histoire : les premiers « immigrés » aux États-Unis étaient en réalité des colons. Ceux-ci ont quitté leur continent pour s'installer sur des terres déjà habitées, imposant de nouvelles structures politiques, sociales et économiques. La colonisation a donc conduit à un redécoupage des territoires, effaçant des frontières naturelles et culturelles pour en créer de nouvelles, souvent artificielles, qui ne respectaient pas les réalités des peuples indigènes.

Dans cette perspective, une question légitime se pose : qui, des ex colons ou des migrants latinos actuels, sont véritablement les « étrangers » aux États-Unis ? Si l'on considère que les colons ont « immigré » sur des terres déjà habitées, il semble difficile de justifier que leurs descendants, bien qu'ayant construit une nation sur ces terres, soient considérés comme les propriétaires légitimes. L'histoire coloniale nous invite à repenser les concepts de migration et d'immigration, et à voir les États-Unis non seulement comme une nation fondée sur des principes d'intégration, mais aussi comme une nation qui a été construite au prix de l'expropriation des peuples autochtones, aujourd'hui de l'autre côté du mur.

3. Les migrations modernes : un prolongement d'un processus historique

Le mur qui sépare les États-Unis de l'Amérique latine est souvent vu comme une barrière physique destinée à limiter l'accès à un « espace » privilégié. Cependant, il est aussi le reflet d'un paradoxe historique profond : les peuples qui cherchent aujourd'hui à franchir cette frontière sont les descendants des populations d'Amérique latine, dont les ancêtres ont eux-mêmes été victimes de la colonisation européenne. Ces migrants, qui viennent aujourd'hui chercher refuge ou opportunités économiques aux États-Unis, se trouvent dans une situation héritée de siècles de domination coloniale et d'inégalités structurelles.

Le désir de migrer des populations latino-américaines n'est pas seulement une quête économique ou un besoin d'échapper à la violence ; il s'agit également d'une conséquence directe des injustices historiques engendrées par la colonisation et des inégalités mondiales qui en résultent. Si l'on considère cette dynamique sous l'angle de l'histoire, les migrations modernes, notamment en provenance d'Amérique latine, ne sont-elles pas un prolongement des déplacements forcés subis par les peuples autochtones et les anciennes colonies ?

Les mouvements migratoires actuels ne sont-ils pas, en réalité, une réponse aux déséquilibres créés par les frontières coloniales et un héritage de siècles d'exploitation ? Cette question invite à une réflexion plus large sur la justice historique, les migrations contemporaines et la manière dont nous abordons les appartenances territoriales dans un monde globalisé.

Essaie de solution

Une approche humanitaire de la question migratoire ne peut se limiter à la simple gestion des flux ou à des politiques restrictives. Il est essentiel de comprendre que les migrations actuelles sont en grande partie le fruit d'un héritage historique de domination et de dévastation. Par conséquent, les solutions doivent être fondées sur une coopération internationale pour améliorer les conditions de vie dans les pays d'origine des migrants, en particulier en Amérique latine. Cela inclut des investissements dans le développement économique, la sécurité, l'éducation et la gouvernance, afin de réduire les inégalités et offrir de réelles opportunités aux populations vulnérables chez elles.

En parallèle, les États-Unis devraient adopter des politiques migratoires plus justes, qui tiennent compte de l'histoire coloniale et des réalités sociales et du besoin en travailleurs des USA.

<u>Conclusion</u>

Les migrations aux USA d'aujourd'hui sont intrinsèquement liées à une histoire complexe de colonisation et de domination qui a redéfini les relations entre les peuples, les nations et les terres. Si l'Amérique du Nord appartient légitimement à ses habitants, elle est avant tout le lieu où se croisent les héritages des peuples autochtones, des colons européens et des migrants venus chercher une vie meilleure. En repensant l'histoire et les dynamiques migratoires sous cet angle, il devient possible de bâtir une société plus juste et plus humaine, où les déplacements de population sont traités non comme un fardeau, mais comme une opportunité de redéfinir les relations entre les peuples et les nations.

Sources

1. *A Different Mirror: A History of Multicultural America*, Ronald Takaki, 1993.

2. *Borders and Bridges: A History of U.S.-Latin American Relations*, Stewart Brewer, 2006.

3. *The Other Slavery: The Uncovered Story of Indian Enslavement in America*, Andrés Reséndez, 2016.

4. *Empire's Workshop: Latin America, the United States, and the Rise of the New Imperialism*, Greg Grandin, 2006.

5. *American Holocaust: Columbus and the Conquest of the New World*, David E. Stannard, 1992.

L'Australie

Une Histoire de Conquête et de Dépossession

L'arrivée des Européens en Australie, marquant la fin d'une ère millénaire pour les Aborigènes, représente bien plus qu'une simple colonisation. Elle incarne un processus brutal de dépossession, d'assimilation forcée et d'injustices profondes qui, encore aujourd'hui, marquent les descendants de ce peuple originel. Les terres australiennes, que les colons britanniques ont annexées et exploitées, avaient pourtant une histoire riche et un patrimoine culturel préexistant. Ce passé colonial invite à repenser la notion même d'appartenance territoriale en Australie et les conséquences humaines de cette appropriation.

Les terres d'Australie et le peuple aborigène

Bien avant l'arrivée des colons britanniques, les terres australes étaient habitées par les Aborigènes depuis des milliers d'années. Ce peuple avait développé une civilisation complexe, riche en traditions orales, en croyances spirituelles, et en pratiques de gestion de l'environnement en harmonie avec la nature. Leur lien avec la terre n'était pas simplement économique, mais profondément spirituel ; chaque élément naturel avait une signification et une histoire transmise de génération en génération. Les Aborigènes n'étaient pas des nomades sans attache, mais des habitants profondément enracinés dans leurs territoires.

L'arrivée des premiers colons en 1788 à Botany Bay a bouleversé cet équilibre. En qualifiant l'Australie de *terra nullius* (terre sans maître), les Britanniques ont ignoré l'existence des Aborigènes et leur lien avec le territoire. La colonisation s'est ensuite imposée par la force, privant les peuples autochtones de leurs terres, souvent au prix de violences inouïes, de massacres et de déplacements forcés. En effaçant les frontières culturelles et spirituelles des Aborigènes, les colons ont imposé des divisions artificielles, qui ont redéfini la géographie et la structure politique de l'Australie en fonction de leurs propres intérêts impérialistes.

Les colons européens : véritables « immigrants » en Australie ?

Aujourd'hui, lorsqu'on évoque l'immigration en Australie, on pense souvent aux vagues récentes de migrants, mais peu se souviennent que les premiers « immigrants » de ce territoire étaient les colons britanniques eux-mêmes. Ils ont traversé les mers pour s'établir sur des terres déjà habitées, imposant leurs propres valeurs, lois et coutumes aux populations indigènes. En annexant les territoires aborigènes, ces colons ont réécrit l'histoire de l'Australie, érigeant une nation sur les ruines d'un peuple dépossédé.

Cette perspective invite à poser une question : qui, des colons européens ou des Aborigènes, sont véritablement les « étrangers » en Australie ? Si l'on considère que les Européens sont arrivés sur des terres déjà habitées, il est difficile de justifier qu'ils soient devenus, de facto, les propriétaires légitimes de ces terres.

L'histoire coloniale de l'Australie suggère que la colonisation n'était pas seulement une entreprise de peuplement, mais un acte d'appropriation violente qui continue de résonner dans les débats sur les droits des autochtones et la légitimité de la possession des terres.

Les enfants métis et les générations volées : une tentative d'assimilation brutale

L'un des chapitres les plus sombres de la colonisation australienne est sans doute celui des « générations volées ». Entre 1910 et 1970, le gouvernement australien a mis en place des politiques visant à arracher les enfants métis, nés de relations entre colons et femmes aborigènes, à leurs familles. Ces enfants étaient placés dans des institutions ou confiés à des familles européennes, dans l'espoir de les « civiliser » et de les assimiler à la culture occidentale. Derrière cette pratique se cachait un projet d'effacement culturel, visant à faire disparaître l'identité aborigène.

Ces enfants, séparés de leurs mères et de leurs communautés, ont grandi avec un sentiment de perte et de déracinement profond. Coupés de leurs racines, privés de leur langue, de leur culture et de leurs traditions, ils se sont retrouvés en quête d'une identité brisée. Les séquelles psychologiques de cette politique d'assimilation sont immenses : ces enfants, devenus adultes, témoignent de traumatismes liés à la perte de leurs familles et à leur quête identitaire. Ce drame, transmis de génération en génération, est un rappel douloureux de l'impact de la colonisation sur les populations autochtones.

La dépossession des Aborigènes et leurs conséquences humaines

La dépossession des terres aborigènes n'a pas seulement affecté leur mode de vie, mais a eu des conséquences humaines désastreuses. En étant parqués dans des réserves, souvent dans des conditions précaires, les Aborigènes ont été déconnectés de leurs territoires sacrés et de leurs moyens de subsistance. La pauvreté, l'isolement, la dépendance aux autorités coloniales et la perte de leurs repères culturels ont conduit à une dégradation alarmante de leur santé physique et mentale. Des taux élevés de dépression, d'alcoolisme et de suicide sont devenus monnaie courante dans les communautés autochtones, reflétant l'ampleur de la souffrance engendrée par la colonisation.

L'impact de cette dépossession est aussi culturel. Les traditions, les langues, les rites et les croyances spirituelles aborigènes, intimement liés à la terre, sont menacés de disparition. La destruction des sites sacrés représente non seulement une perte matérielle, mais aussi une atteinte à l'identité et à la spiritualité aborigènes. En confisquant leurs terres, les colons ont également confisqué leur histoire, leur mémoire et leur âme. A cette époque les migrants étaient donc les colons et de façon brutale.

Un besoin de réconciliation pour panser les plaies du passé

Aujourd'hui, l'Australie est en quête de réconciliation avec son passé colonial. Reconnaître les injustices et les souffrances infligées aux Aborigènes est un premier pas, mais le chemin vers la guérison est long et complexe.

En 2008, les excuses officielles du Premier ministre Kevin Rudd aux générations volées ont marqué un moment fort, bien que symbolique, de cette réconciliation. Cependant, des mesures concrètes sont nécessaires pour rétablir la justice.

Les Aborigènes continuent de lutter pour la restitution de leurs terres, pour la reconnaissance de leurs droits culturels et pour un traitement équitable.

La réconciliation en Australie implique également un soutien accru aux communautés autochtones, en leur offrant des ressources pour préserver leur patrimoine culturel et en assurant leur inclusion dans la société australienne. Plus qu'un simple exercice de mémoire, la réconciliation exige de repenser les dynamiques de pouvoir et de possession, et de reconnaître la dignité et les droits des premiers habitants de ce continent.

Conclusion

À l'époque de la colonisation de l'Australie, ce sont principalement les colons britanniques et les entreprises européennes qui ont profité des ressources naturelles du sol australien en dépossédant les aborigènes. Ces acteurs économiques, soutenus par l'Empire britannique, ont exploité diverses ressources pour alimenter la croissance et le commerce de la métropole.

L'histoire de l'Australie, marquée par la colonisation, la dépossession et l'assimilation forcée, invite à une réflexion sur la justice, l'identité et la réconciliation. Le continent australien appartient certes à ses habitants actuels, mais il est aussi le berceau d'une civilisation ancienne, celle des Aborigènes, qui a été brutalement mise à l'écart. En reconnaissant ce passé, en réparant les torts et en valorisant la culture autochtone, l'Australie peut construire une société plus inclusive et respectueuse de ses diverses racines. La quête de réconciliation est un défi collectif qui vise à panser les plaies d'un passé colonial douloureux et à construire un avenir où chaque Australien, autochtone ou non, puisse trouver sa place et sa dignité.

Sources

1. *Stolen Generations: The Removal of Aboriginal Children in New South Wales 1883 to 1969*, Peter Read, 1982.
2. *Dark Emu*, Bruce Pascoe, 2014.
3. *The Secret River*, Kate Grenville, 2005.
4. *The Fatal Shore: A History of the Transportation of Convicts to Australia*, Robert Hughes, 1987.
5. *Australia: A Biography of a Nation*, Phillip Knightley, 2000.

« Le cauchemar de Darwin »

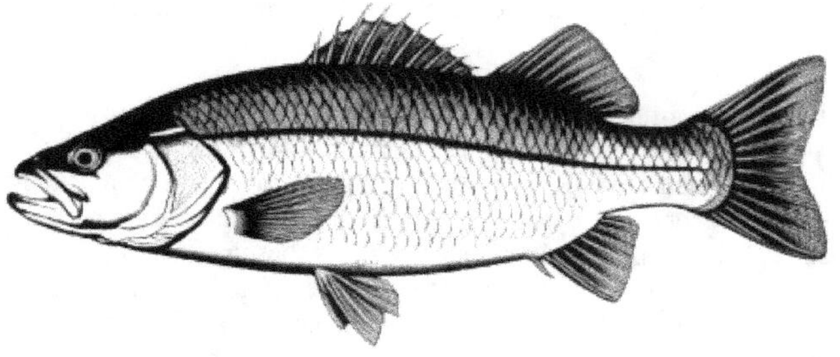

Perche du Nil du Lac Victoria

Résumé et Analyse d'un documentaire en lien avec le thème du livre

Titre : *Le Cauchemar de Darwin*
Réalisateur : Hubert Sauper
Année de sortie : 2004
Producteur : Mille et Une Productions, en collaboration avec Arte France et la Coop99
Filmproduktion

Hubert Sauper plonge au cœur d'un drame humain dans *Le Cauchemar de Darwin*, documentaire qui révèle sans détour comment la richesse naturelle du lac Victoria, la perche du Nil, se transforme en malédiction pour les populations locales. À travers la caméra de Sauper, le spectateur est confronté aux réalités glaçantes d'une industrie qui s'enrichit au détriment des communautés, reliant les questions d'exploitation, de dépendance, et de migration. Le documentaire devient une critique vibrante du néo-colonialisme contemporain : des ressources locales prélevées, expédiées vers l'Europe, laissant derrière elles des villages affamés et en quête de dignité.

Lien avec le Thème du Livre : *Immigration : Boomerang des Colonisations à travers le Monde*

1. **Le Paradoxe de l'Abondance et l'Héritage Colonial :**
   L'abondance de la perche du Nil dans le lac Victoria pourrait en théorie nourrir et prospérer les communautés riveraines. Mais en réalité, cette abondance est devenue une malédiction. Le poisson, traité dans des usines locales, est directement exporté vers l'Europe, laissant peu aux Tanzaniens. Ce modèle rappelle l'exploitation coloniale : des ressources locales extraites, profitant avant tout aux anciens colonisateurs, tandis que les populations locales restent sans accès aux bénéfices. Ce point illustre le premier chapitre du livre, qui explore l'héritage économique et structurel de la colonisation, resté largement inchangé.

o **Exemple concret :** Les cargos chargés de perche partent chaque jour pour l'Europe, tandis que dans les villages avoisinants, la famine sévit et les enfants grandissent malnutris. Cette image saisissante est un symbole de l'injustice systémique où l'abondance de certains mène au manque d'autrui.

2. **Dépendance Économique et Soumission aux Intérêts Étrangers :**
   Sauper expose avec force l'impact d'une économie façonnée pour l'exportation, un modèle imposé depuis l'ère coloniale. La Tanzanie, comme tant d'anciennes colonies, a vu ses structures économiques modelées pour servir des intérêts étrangers, rendant le pays dépendant des capitaux étrangers pour ses besoins les plus essentiels. Le documentaire souligne comment cette dépendance, solidifiée par des accords post-coloniaux et des prêts, fragilise encore davantage les anciennes colonies, où le développement est largement dirigé par des multinationales étrangères.

   o **Exemple concret :** L'usine de traitement de la perche appartient à des entreprises étrangères, opérant sans grande surveillance et peu soucieuses des retombées sociales. Les travailleurs sont sous-payés, les conditions sanitaires déplorables, et le peu de bénéfices ne restent jamais dans l'économie locale, ne laissant que des déchets et des espoirs brisés.

3. **Corruption et Pratiques Opportunistes des Multinationales :**
   Dans ce paysage de misère et de désespoir, Sauper révèle la présence corrosive de la corruption. Le commerce de la perche s'accompagne de trafics d'armes, d'accords illégaux, et de pratiques douteuses encouragées par des élites locales et internationales. Ces échanges s'enracinent dans des pratiques de pouvoir et de contrôle héritées du colonialisme, où l'autorité est monnayable, l'accès aux ressources une affaire d'influence. Le chapitre sur les multinationales dans le livre analyse précisément cet aspect, montrant comment la corruption, alimentée par la faiblesse des gouvernements locaux, entretient un statu quo injuste.

   o **Exemple concret :** Dans le documentaire, on aperçoit des avions cargos russes déchargés d'armes et repartant chargés de poisson, laissant entrevoir le commerce clandestin au cœur de cette industrie. Ce commerce illicite prolonge les guerres régionales et contribue à l'instabilité des pays africains. Sauper démontre ici la gravité des conséquences lorsque des multinationales exploitent l'absence de régulation locale.

4. **Migration et Manque de Perspectives Locales**
   Le Cauchemar de Darwin nous montre que l'exploitation économique sans retombées pour les populations pousse les Tanzaniens à chercher des conditions de vie meilleures ailleurs. Les jeunes générations, sans opportunités, ne voient d'autre issue que de migrer, attirés par la promesse d'un avenir que leur pays semble leur refuser.

Cette dynamique d'exode, le livre la relie à une exploitation économique exacerbée par l'histoire coloniale. La migration devient alors le dernier recours pour ceux que le système d'exploitation laisse à la marge. Pour répondre à une forme d'injustice.

- o **Exemple concret :** Sauper présente les témoignages de jeunes Tanzaniens qui rêvent de partir pour l'Europe, sans avoir conscience des obstacles et des souffrances qui les attendent. Ce choix, motivé par le manque de perspectives locales, est une conséquence directe de l'accaparement de ressources par des entreprises étrangères. Les migrations contemporaines portent la trace de l'histoire coloniale, d'un modèle économique inadapté à l'auto-suffisance.

5. **L'Appel à une Réforme de Gouvernance et de Justice Économique**
   Face à cet état de fait, *Le Cauchemar de Darwin* soulève implicitement la question d'une gouvernance mondiale plus juste, d'une répartition équitable des richesses et d'un respect des droits des populations locales. Sauper nous laisse entrevoir les possibilités d'un monde plus éthique, où les ressources d'un pays enrichiraient d'abord ses habitants. Ce besoin de justice sociale et économique rejoint les propositions du livre pour une régulation plus humaine et équilibrée de la mondialisation, une gouvernance qui tiendrait compte des peuples avant les profits.

   - o **Exemple concret :** Les travailleurs de l'usine et les pêcheurs témoignent de leurs espoirs d'un monde où le fruit de leur travail leur permettrait de vivre dignement. Les sourires résignés et les récits de lutte qu'ils partagent illustrent un appel profond à la justice. Ce sont ces voix que le livre aspire à mettre en lumière : celles d'hommes et de femmes qui, en héritiers involontaires d'un passé colonial, se battent pour une part légitime de leurs propres richesses.

<u>Conclusion</u>

Le documentaire *Le Cauchemar de Darwin* va bien au-delà d'une simple exploration de l'industrie de la perche du Nil ; il devient un miroir tragique de l'héritage colonial qui persiste aujourd'hui. Le film et le livre se rejoignent dans cette analyse critique : la colonisation a jeté les bases d'un modèle d'exploitation mondiale des ressources, maintenant adapté aux règles du marché contemporain. Les multinationales et l'indifférence des gouvernements locaux maintiennent les populations locales dans un état de dépendance et de précarité, qui les contraint à émigrer en quête de dignité et de sécurité.

À travers ce récit captivant et profondément humain, Sauper interroge : l'humanité peut-elle trouver des solutions pour que l'abondance naturelle devienne enfin source de prospérité partagée et de justice sociale ?

<u>Allemagne - Angleterre</u>

L'influence de la colonisation, de l'impérialisme et de la globalisation sur les flux migratoires a façonné les relations entre pays, redéfinissant non seulement les frontières géographiques, mais aussi les identités et les destins individuels. À travers les exemples des Turcs en Allemagne et des Indiens au Royaume-Uni, nous comprendrons mieux les liens complexes entre colonisation, immigration et les transformations sociétales.

Les Turcs en Allemagne : Une Main-d'œuvre de Renfort

L'histoire des Turcs en Allemagne commence dans le contexte de l'après-guerre, un moment charnière pour l'Europe. L'Allemagne, comme de nombreuses autres nations européennes, avait été dévastée par les conséquences de la Seconde Guerre mondiale. Les industries étaient en ruines, et le pays avait besoin de reconstruire ses infrastructures et de stimuler son économie. Cependant, la main-d'œuvre allemande était insuffisante pour faire face à ces besoins.

C'est dans ce contexte que l'Allemagne a signé, en 1961, un accord avec la Turquie pour accueillir des travailleurs "invités", appelés **Gastarbeiter** (travailleurs invités). Ces migrants étaient principalement des hommes jeunes venus des zones rurales de Turquie, souvent non qualifiés, et leur arrivée était perçue comme une solution temporaire aux problèmes économiques de l'Allemagne de l'Ouest. L'idée était que ces travailleurs reviendraient en Turquie une fois leur mission accomplie.

Mais les choses ne se sont pas déroulées ainsi. Nombre d'entre eux ont trouvé des emplois stables, ont formé des familles, et ont, au fil des décennies, établi une vie entière en Allemagne. Ce qui devait être une migration temporaire s'est transformé en une présence permanente. Le rêve de retour en Turquie a peu à peu disparu, remplacé par la réalité quotidienne de la vie en Allemagne.

Cependant, cette intégration n'a pas été sans heurts. Dès le départ, ces travailleurs "invités" ont été confrontés à des obstacles culturels, sociaux et politiques. L'Allemagne, qui ne se voyait pas comme un pays d'immigration à l'époque, a eu du mal à accepter cette diversité. Pendant des années, les autorités allemandes ont espéré que les Turcs rentreraient chez eux. Mais au lieu de cela, ils ont été confrontés à des tensions raciales et culturelles, à une montée de l'extrême droite, et à des débats sur les questions de nationalité et d'identité.

Malgré cela, les Turcs ont contribué de manière significative à la reconstruction de l'Allemagne d'après-guerre, en faisant partie intégrante du tissu économique et social du pays. Les enfants de ces travailleurs ont grandi en Allemagne, devenant parfois des ponts entre deux cultures. Cependant, leur statut de "ressortissants étrangers" les a souvent placés en marge de la société allemande, dans un processus complexe d'intégration où l'on parle encore aujourd'hui de l'identité turco-allemande.

L'Inde et le Royaume-Uni : Héritage de la Colonisation

L'histoire de l'immigration indienne au Royaume-Uni est profondément liée à l'Empire britannique. Pendant plus de 200 ans, l'Empire colonial a contrôlé une grande partie de l'Inde, et les relations entre les deux pays ont façonné une dynamique migratoire complexe. La colonisation britannique a laissé des traces durables dans les sociétés des deux pays, et l'immigration indienne au Royaume-Uni est un exemple parfait de cet héritage impérial.

Après la Seconde Guerre mondiale, le Royaume-Uni, épuisé par le conflit et par la gestion de son empire, a décidé d'encourager l'immigration en provenance de ses anciennes colonies pour pallier les pénuries de main-d'œuvre. L'Inde, qui venait d'obtenir son indépendance en 1947, a ainsi vu des vagues d'émigrants chercher de nouvelles opportunités au Royaume-Uni. Beaucoup venaient de zones rurales et agricoles, cherchant un travail dans les secteurs industriels en expansion du Royaume-Uni, tels que les mines, les chemins de fer et les usines.

Les Indiens ont été perçus à l'origine comme des travailleurs temporaires, mais, tout comme dans le cas des Turcs en Allemagne, ces migrants ont fini par s'installer durablement. Le Royaume-Uni, tout comme l'Allemagne, ne s'attendait pas à ce que ces travailleurs deviennent des résidents permanents. Mais une fois sur place, ils ont commencé à s'établir, à fonder des familles et à créer des communautés indiennes dans des villes comme Londres, Birmingham et Leicester.

Cependant, cette immigration ne s'est pas faite sans défis. Les migrants indiens se sont souvent heurtés à des attitudes racistes et xénophobes, particulièrement dans une société britannique encore marquée par un passé impérial complexe. Les années 1950 et 1960 ont été marquées par des émeutes raciales et des tensions communautaires, en grande partie alimentées par la peur du changement et de l'altérité. Le racisme institutionnel a joué un rôle majeur dans la marginalisation des Indiens, malgré leur contribution essentielle à l'économie britannique.

Mais les communautés indiennes ont résisté à ces discriminations. En s'installant au Royaume-Uni, elles ont non seulement enrichi le tissu social et culturel du pays, mais ont aussi contribué à remodeler l'identité britannique. De la cuisine indienne dans les restaurants britanniques à l'ascension d'une classe moyenne indo-britannique, ces migrants ont profondément influencé la culture britannique moderne.

Les Conséquences de la Colonisation, de l'Impérialisme et de la Globalisation

L'immigration des Turcs en Allemagne et des Indiens au Royaume-Uni met en lumière les effets durables de la colonisation et de l'impérialisme sur les migrations. Ce sont des phénomènes qui, loin de se limiter aux périodes coloniales ou à des accords bilatéraux spécifiques, ont redéfini les trajectoires de millions de personnes et ont contribué à façonner la structure démographique, culturelle et sociale des pays concernés.

Dans un monde globalisé, ces histoires se répètent sous des formes différentes, mais avec des échos du passé colonial.

L'attrait des pays riches pour des travailleurs étrangers est toujours une constante, mais la perception de l'immigration et de l'intégration reste complexe. Ces histoires de migrations, souvent marquées par des attentes de retour et de temporalité, se transforment en récits de résilience, d'adaptation et de confrontation à l'altérité.

Les Turcs en Allemagne et les Indiens au Royaume-Uni montrent que, loin de pouvoir être réduits à des statistiques ou à des tendances économiques, les flux migratoires sont avant tout des histoires humaines de quête de dignité, de survie et de construction d'une nouvelle identité dans un monde en perpétuelle mutation. Ces histoires, empreintes de douleur, de résistance et d'espoir, nous rappellent que les sociétés modernes sont les héritières de ces complexités historiques. La colonisation, l'impérialisme et la globalisation ont tracé des chemins sinueux que les individus continuent de suivre.

En comprenant ces trajectoires, nous pouvons dépasser les préjugés et envisager des solutions humaines et équilibrées. Les migrations ne sont pas seulement un défi, mais une opportunité de construire des sociétés humaines et conscientes de leur histoire.

C'est dans ce dialogue entre passé et présent que se dessine l'avenir des relations humaines.

Sources

1. *The Turkish Turn in Contemporary German Literature: Toward a New Critical Grammar of Migration,* Leslie A. Adelson, 2005.
2. *The Making of Modern Britain: The Age of Empire to the New Millennium,* Andrew Marr, 2009.
3. *Migrants and Refugees: Equitable Education for Displaced Populations*, Ronald H. Bayor, 2016.
4. *Empireland: How Imperialism Has Shaped Modern Britain,* **Sathnam Sanghera,** 2021.
5. *The New Germans: Race and Immigration in Postwar Germany*, Heribert Adam and Kogila Moodley, 2015.

ANGE.L